Christoph Hintze
Marketing für Produktions-
und Dienstleistungsgärtner

Christoph Hintze

Marketing für Produktions- und Dienstleistungsgärtner

24 Abbildungen
26 Tabellen

Christoph Hintze, geb. 1958 in Flinsbach (Sinsheim). Nach Gärtnerlehre Gartenbau-studium an der Universität Hannover. 1988 bis 1990 Referendariat Gartenbau in Baden-Württemberg, 1990 bis 1993 Referent für Fortbildung von Gartenbauberatern an der Landesanstalt für Entwicklung der Landwirtschaft und der ländlichen Räume, 1993 bis 1998 Sachgebietsleiter Betriebswirtschaft, IuK und Fachbereichsleitung Bildung und Information an der LVG Heidelberg, 1998 bis 2000 Referent für Obst- und Gartenbau am Regierungspräsidium Karlsruhe, seit 2000 Leitung der LVG Heidelberg, Hauptarbeitsgebiet Betriebswirtschaft im Gartenbau in Lehre, Beratung und angewandter Forschung. Mitglied der Fachkommission des Arbeitskreises Betriebswirtschaft im Gartenbau e.V. sowie in diversen berufsständischen Gremien.

Bibliografische Information der Deutschen Nationalbibliothek
Die Deutsche Nationalbibliothek verzeichnet diese Publikation in der Deutschen National-bibliografie; detaillierte bibliografische Daten sind im Internet über http://dnb.d-nb.de ab-rufbar.

© 2007 Eugen Ulmer KG
Wollgrasweg 41, 70599 Stuttgart (Hohenheim)
E-Mail: info@ulmer.de
Internet: www.ulmer.de
Umschlaggestaltung: Atelier Reichert, Stuttgart
Lektorat: Dr. Angelika Eckhard
Herstellung: Thomas Eisele
Satz, Druck und Bindung: Laupp & Göbel, Nehren
Printed in Germany

ISBN 978-3-8001-4870-7

Inhaltsverzeichnis

Vorwort

Das vorliegende Buch behandelt vielfältige, für den Gartenbau relevante Aspekte des Marketings. In systematischer Weise sollen die aus der Sicht des Autors wesentlichen Grundlagen und Zusammenhänge dargestellt und anhand von Beispielen weiter verdeutlicht werden.

Treibendes Motiv für dieses Buch war die Einsicht des Autors, dass Gartenbauunternehmen nur dann ihr Marktpotenzial ausschöpfen können, wenn sie bestimmte Grundmechanismen des Marketings anwenden. Viele Unternehmer tun dies mehr oder weniger intuitiv. Allerdings zeichnen sich Entwicklungen ab, die auch von Gartenbauunternehmern eine professionellere Herangehensweise an den Markt abverlangen. Um dies möglich zu machen, will dieses Lehrbuch einen Beitrag leisten.

Studierende von gärtnerischen Fachschulen sowie von sich mit dem Gartenbau befassenden Hochschulstudiengängen sollen eine Einführung in das fachspezifische Marketing erhalten. Führungskräften in Unternehmen des Produktions- und Dienstleistungsgartenbaus soll dieses Buch als ein die tägliche Praxis unterstützendes Nachschlagewerk dienen.

Die Inhalte dieses Buches sind so gegliedert, wie sie in der Marketingpraxis anfallen. Die Analyse der Ausgangssituation geht der Marketingplanung voraus. Letztere wiederum bildet die Basis für die Formulierung von Strategien. Die Beschreibung der Bestandteile des Marketingmix schließlich zeigt auf, wie die strategischen Überlegungen in die Praxis umgesetzt werden können. Alle Kapitel enthalten Beispiele aus der Gartenbaupraxis. Ein Glossar soll dabei helfen, unvermeidliche Fachbegriffe rasch nachschlagen zu können.

Möge dieses Buch einen Beitrag dazu leisten, dass die Gartenbauunternehmer die Chancen in ihren Märkten zukünftig noch besser ausschöpfen können.

Heidelberg, im April 2007
Christoph Hintze

1 Einführung

Es besteht kein Zweifel, dass Marketing im Gartenbau in den vergangenen Jahren eine immer stärkere Bedeutung erlangt hat. Häufig erfolgt die Herangehensweise an das Thema noch zu unsystematisch. Marketing aber ist der systematische und planvolle Versuch der Beeinflussung von Märkten.

1.1 Die Bedeutung des Marketings für Produktions- und Dienstleistungsgärtner

Die Märkte für gartenbauliche Produkte und Dienstleistungen haben sich wie die meisten anderen Märkte zu Käufermärkten gewandelt. Abnehmer können aus einer Vielzahl von Angeboten auswählen. Symptomatisch für diese Entwicklung ist die in Gärtnerkreisen verbreitete Aussage „Produzieren ist relativ leicht, Verkaufen ist heute das Problem." Kreditinstitute stellen gegenwärtig für die Kreditvergabe deutlich höhere Ansprüche an die kaufmännisch kompetente Unternehmensführung. Die geforderten Geschäftspläne (Businesspläne) beinhalten zu großen Teilen unternehmensspezifische Aussagen zum Marketing des Kreditantragstellers. Marketing in Käufermärkten aber stellt relativ hohe Anforderungen an die Gartenbauunternehmer.

Dieses Buch soll einen Beitrag für das professionelle Marketing im Produktions- und Dienstleistungsgartenbau leisten.

> Käufermärkte sind dadurch gekennzeichnet, dass auf ihnen das Angebot größer ist als die Nachfrage.

In Käufermärkten dominiert die Nachfrageseite das Marktgeschehen. Denn die Nachfrager haben die Möglichkeit, das aus ihrer Sicht beste Angebot auszuwählen.

Anbieter müssen sich unter solchen Bedingungen bemühen, den Wünschen und Erwartungen der Nachfrager möglichst optimal zu entsprechen. Damit wird von den Anbietern eine konsequente Markt- und Kundenorientierung erzwungen. Sie ist eine zentrale Voraussetzung für den Unternehmenserfolg.

Neben der Wandlung von Verkäufer- zu Käufermärkten haben sich weitere Veränderungen ergeben, welche die Bedeutung des strategisch bewusst gestalteten Absatzes von gartenbaulichen Leistungen noch massiv verstärken:

Der Absatz als zentrale Aufgabe der Unternehmensführung.

- In vielen Bereichen gartenbaulicher Märkte findet kein mengen- oder wertmäßiges Wachstum mehr statt. Das Verhalten der Nachfrager wandelt sich fortlaufend und dynamischer als zu Zeiten von Verkäufermärkten. Massenmärkte lösen sich auf. In zunehmendem Maße bilden sich Teilbereiche (Marktsegmente), deren Konturen häufig nur schwer zu erfassen sind.
- Über alle Branchen hinweg ist eine Polarisierung der Nachfrage festzustellen: Entweder hochpreisig oder niedrigpreisig. Das mittlere bzw. nicht eindeutig identifizierbare Qualitäts- und Preissegment verliert fortlaufend an Bedeutung. Teilweise ist die Entwicklung zu sogenannten individualisierten Märkten zu beobachten. In diesen setzen sich Anbieter intensiv mit den unterschiedlichen Wünschen und Erwartungen einzelner Nachfrager auseinander und versuchen, diese bestmöglich zu erfüllen. So werden beispielsweise Autos oder Sportschuhe für Kunden maßgeschneidert.
- Der Garten- und Landschaftsbau kennt das Phänomen, dass die Ansprüche von bestimmten, meist zahlungskräftigen Kundenkreisen im Hinblick auf die Gestaltung von Terrasse und Garten immer höher und dabei individueller werden.

– Von einer eigenen Branche kann im Groß- und Einzelhandel gartenbaulicher Produkte nicht mehr gesprochen werden. Längst haben auch branchenfremde und häufig kapitalkräftige Akteure Fuß im Markt gefasst. Die Anforderungen an die Unternehmer sind zusätzlich durch Umwelt- und Umfeldveränderungen gestiegen, unter anderem durch gesellschaftliche Anspruchsgruppen aus der Umweltbewegung sowie die allgemein gestiegene Bedeutung ökologischer Themen. Der rasante technologische Wandel, die Verkürzung von Produktlebenszyklen (vgl. Kap. 5.1 „Produktpolitik") sowie die Globalisierung des Warenaustauschs fordern die Unternehmer im Gartenbau zusätzlich heraus.

1.2 Was versteht man unter Marketing?

Marketing ist nach MEFFERT (2000) „die bewusst marktorientierte Führung des gesamten Unternehmens oder marktorientiertes Entscheidungsverhalten in der Unternehmung."

BECKER (2001) geht in seinem Begriffsverständnis weiter und bezeichnet Marketing als eine Führungsphilosophie, als die bewusste Führung des gesamten Unternehmens vom Absatzmarkt her. Der Kunde und seine Nutzenansprüche sowie ihre konsequente Erfüllung stehen demzufolge im Mittelpunkt des unternehmerischen Handelns.

Auch die Beziehungen des Unternehmens zum Staat, zur Umwelt und zu den eigenen Mitarbeitern geraten mit dem modernen Verständnis des Marketings ins Blickfeld.

Kenianische Zierpflanzenproduzenten propagieren beispielsweise in den Abnehmerländern die Einführung eines Zertifizierungssystems, das umweltbezogene und soziale Aspekte in den Vordergrund stellt. Die teilnehmenden Produzenten müssen die gesetzten Standards einhalten. Sie reagieren mit diesem Schritt auf die Forderungen gesellschaftlicher Anspruchsgruppen in den wichtigen Absatzmärkten Europas.

Grundsätzlich werden drei Grundrichtungen des Marketings unterschieden:

Beschaffungsmarketing. Das Beschaffungsmarketing soll die Beschaffungssituation fördern und optimieren.

Internes Marketing. Das interne Marketing soll die Voraussetzungen für ein erfolgreiches Beschaffungs- und Absatzmarketing schaffen. Die Mitarbeiter und ihre Bedürfnisse stehen im Fokus. Insbesondere bei Dienstleistungen ist das interne Marketing von besonderer Bedeutung. Die Mitarbeiter sind aus Sicht der Kunden ein unmittelbarer und wesentlicher Indikator für die Qualität einer erbrachten Dienstleistung.

Absatzmarketing. Grundsätzlich kann man hierbei unterscheiden zwischen Absatzmarketing für Sachleistungen und Absatzmarketing für Dienstleistungen.

Das Absatzmarketing hat die Aufgabe, den Absatz von Sachleistungen bzw. Gütern und Dienstleistungen zu fördern und zu optimieren.

Nach NAGLE und HOLDEN (2001) kann man – wie nachfolgender Kasten zeigt – das heutige Verständnis von Konzepten des Absatzmarketings folgendermaßen vereinfacht darstellen und vom traditionellen, eher produktorientierten Ansatz unterscheiden.

Traditioneller, produktorientierter Ansatz:
Produkt ⇒ Kosten ⇒ Preis ⇒ Wert ⇒ Kunde

Heutiges Verständnis von Marketing, kundenorientierter Ansatz:
Kunde ⇒ Wert ⇒ Preis ⇒ Kosten ⇒ Produkt

Beim kundenorientierten Ansatz des Marketings stehen in der zeitlichen Reihenfolge zunächst die Zielgruppen mit ihren Wünschen und Erwartungen im Mittelpunkt des Interesses.

Die zentrale Frage lautet, welche Werte man mit Hilfe welcher Leistungen durch die aktiv gestaltete Beziehung zum Kunden schaffen kann. Somit kommt dem Nutzen, den sich ein Abnehmer von einer Leistung verspricht, eine wichtige Rolle zu.

1.3 Der Nutzen als zentraler Begriff

Gartenbauliche Leistungen stellen für die Zielgruppen dann einen Wert dar, wenn diese in der Lage sind, einen Nutzen durch diese Leistungen zu erkennen. Daher müssen die Anbieter solcher Leistungen diesen Nutzen klar und eindeutig beschreiben können. Somit sind die nachfolgenden Fragen in den Gartenbaubetrieben immer wieder neu zu beantworten.

Im Gartenbaubetrieb zu beantworten:
- Was ist der Nutzen für meinen Kunden?
- Was hat er von meiner Leistung? Wie profitiert er?
- Was kann mein Kunde hinterher besser als vorher?
- Wie bringt meine Leistung meinen Kunden weiter?
- Hat er hinterher mehr Zeit, fühlt er sich besser, hat er mehr Lebensqualität, ist er glücklicher?
- Warum sollte der Kunde die angebotene Leistung in Anspruch nehmen?

Diese Fragen stellen sich drei Beispiels-Gartenbauunternehmer, die in diesem Buch die dargestellten theoretischen Inhalte auf ihre eigene Situation anwenden. So gibt es
- **Sven Meier**, **Einzelhandelsgärtner** in einer mittelgroßen Stadt,
- **Torsten Schmitt**, **Unterglasgemüseproduzent** am Rande eines Ballungsraumes und
- **Toni Müller**, **Garten- und Landschaftsbauer**, der sein Unternehmen in einer mittelgroßen Stadt führt.

Die Beispiele sollen verdeutlichen, wie und mit welchen Beschreibungen der jeweilige Nutzen für die Abnehmer erkennbar werden kann.

 Der **Einzelhandelsgärtner Meier** hinterfragt mit den oben formulierten Fragen den Nutzen seiner Leistungen:

„Den Nutzen, den wir mit unserer Einzelhandelsgärtnerei bieten, lässt sich in einem Satz ausdrücken: Wir schaffen Lebensqualität!
Unsere Kunden profitieren von uns, indem sie mit Hilfe unserer Pflanzen und Dienstleistungen ihre Lebensräume angenehm gestalten können. Unsere Kunden leben dabei ihr gestalterisches Talent aus. Wir unterstützen sie mit Ideen und Gestaltungsmitteln.
Die meisten unserer Kunden sind lebensfrohe und zufriedene Menschen, die sich immer wieder neu von unseren Gestaltungsideen begeistern lassen. Sie sind neugierig und suchen bei uns immer wieder nach Inspirationen für Ihr Zuhause."

 Auch der **Gemüseproduzent Schmitt** versucht, den konkreten Nutzen seiner Kunden in Worte zu fassen:

„Meine Kunden sind zum einen die Absatzgenossenschaft, die den Lebensmitteleinzelhandel beliefert und demzufolge auch die Endverbraucher, die dort ihr Frischgemüse kaufen. Meine Genossenschaft profitiert von unserer Arbeit, indem wir uns bereits bei der Anbauplanung eng abstimmen. Auch im weiteren Verlauf kommunizieren wir fast täglich über zu erwartende Erntemengen und Qualitäten. Der konkrete Nutzen, den die Genossenschaft von uns hat, heißt Verlässlichkeit und Sicherheit beim Disponieren.
Den Endverbrauchern ermöglichen wir die Versorgung mit einem gesundheitlich wertvollen Nahrungsmittel. Frei von Rückständen, erntefrisch und verbrauchsnah angeliefert. Zum anderen bieten wir ihnen auch Sicherheit. Sie können sich darauf verlassen, dass wir mit größtmöglicher Sorgfalt arbeiten."

 Der **GaLaBauer Müller** formuliert den Nutzen seiner öffentlichen, gewerblichen und privaten Kunden so:

„Wir gestalten Lebensräume! Die Kunden können sich mit unseren Projekten präsentieren.
Jedes unserer Projekte ist einzigartig und auf den Bedarf unserer Auftraggeber zugeschnitten. Wir schaffen Raum für Entspannung und Bewegung. Wir schaffen Raum für Menschen, welche die Seele baumeln lassen wollen und für solche, die sich durch unsere Anlagen inspirieren lassen wollen. Die Gebäude unserer Kunden entfalten ihre volle Wirkung erst durch unsere maßgeschneiderten Außenanlagen."

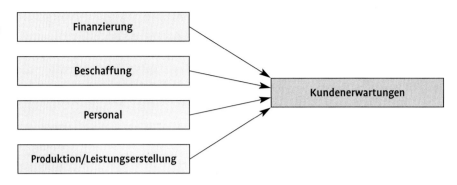

Abb. 1
Alle Funktionen in einem Unternehmen sind auf die Kundenerwartungen ausgerichtet.

Deutlich wird, dass Gartenbauunternehmen ihre angebotenen Leistungen bestmöglich mit den Bedürfnissen der Abnehmer synchronisieren müssen. Diese Bedürfnisse müssen erforscht und laufend beobachtet werden. Die zentrale Orientierungsgröße ist dabei immer der von einem Kunden tatsächlich wahrgenommene Nutzen.

Im Anschluss an die Bestimmung des konkreten Kundennutzens können die notwendigen Angebots- bzw. Verkaufspreise ermittelt werden. Darauf basierend wird die eigene Kostensituation analysiert und dabei geprüft, ob man bei gegebenen Preisen die betreffenden Leistungen rentabel erstellen kann.

Erst nach der Abarbeitung dieser Punkte sollte entschieden werden, ob man eine bestimmte Leistung am Markt platzieren möchte oder nicht. Alle Funktionen in einem Unternehmen müssen dabei auf die Kundenerwartungen ausgerichtet werden (siehe Abb. 1).

Werteketten im Gartenbau

Verfolgen die gärtnerischen Produktionsbetriebe den kundenorientierten Ansatz, sollten sie nicht nur die eigenen Aktivitäten im Blickfeld haben, sondern auch die Aktivitäten der vor- und nachgelagerten Bereiche. Der gesamte Wertschöpfungsprozess ist in ihre strategischen Überlegungen mit einzubeziehen. Geschehen kann dies, indem Werteketten erkannt und optimiert werden.

Marketingplanung

Werteketten im Gartenbau verfolgen das Ziel, attraktive Leistungspakete anbieten zu können. Vor- und nachgelagerte Bereiche werden in die eigenen Marketing-Aktivitäten integriert. Hiermit soll den Abnehmern ein größerer Nutzen geboten werden. Die Partner der Wertekette versuchen, sich einen Wettbewerbsvorteil zu verschaffen. Beispielsweise können sich Züchter, Absatzorganisationen, Produzenten und Vermarkter zu einem Verbund zusammenschließen, der Werteketten entwickelt. Konkrete Effekte dieser Form der Kooperation können beispielsweise Kostensenkungen oder auch ein höheres Maß an Kundenorientierung sein.

> **Beispiele für die Etablierung erfolgreicher Werteketten im Gartenbau**
> Zierpflanzenbau: Einführung von Produktneuheiten im Topfpflanzenbereich.
> Gemüsebau: Einführung von Produktneuheiten bei Tomatensorten.
> Im Garten- und Landschaftsbau sind erfolgreiche Beispiele im Dachbegrünungs- und Sportplatzbaubereich bekannt. Materialhersteller, Planer und ausführende Firmen erstellen dabei gemeinsam attraktive und nutzenstiftende Leistungspakete.

Kostensenkungen können beispielsweise durch eine besser aufeinander abgestimmte Logistik realisiert werden. Ein höheres Maß an Kundenorientierung ist durch eine gemeinschaftlich finanzierte Marktforschung zu erreichen. Mit Hilfe der Ergebnisse könnte eine Stärkung der psychologischen Bindung der Zielgruppen angestrebt werden. Aus der intensivierten Kundenbeziehung könnten die beteiligten Unternehmen eine höhere Wertschöpfung erreichen.

1.4 Der idealtypische Verlauf des strategischen Marketings

Um systematisch und zielorientiert den eigenen Markt bearbeiten zu können, muss ein Gartenbauunternehmen bestimmte Handlungs- und Verhaltensweisen festlegen und sich hieran orientieren. Die Vorgehensweise zeigt Abbildung 2.

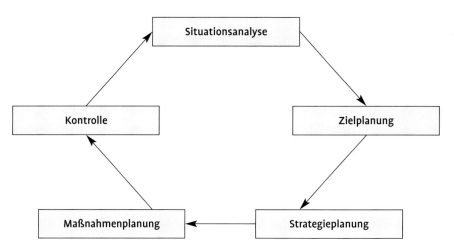

Abb. 2
Strategisches Marketing.

2 Situationsanalyse – Erkennen der Marketingsituation

Die Inhalte von Abbildung 2 bilden den „Roten Faden" durch dieses Buch. Die Elemente Ziel-, Strategie- und Maßnahmenplanung können auch unter dem Oberbegriff Marketingplanung zusammengefasst werden. Die Marketingplanung basiert auf den – laufend anfallenden – Ergebnissen der Situationsanalyse und bedarf einer ständigen Kontrolle.

2.1 Informationsmanagement

Der Ausgangspunkt für jegliche Überlegungen zum Marketing ist die konkrete Marketingsituation eines Unternehmens. Die Marktforschung ist nach MEFFERT (2000) „die systematisch betriebene Erforschung der Märkte (Zusammentreffen von Angebot und Nachfrage), insbesondere die Analyse der Fähigkeit dieser Märkte, Umsätze hervorzubringen."

> Marktforschung verfolgt das Ziel, die zielgruppengerechte Ansprache der in Frage kommenden Kunden mit möglichst niedrigen Kosten zu ermöglichen.

Interne und externe Einflussgrößen

Die Marktforschung muss wichtige interne und externe Einflussgrößen erkennen und im Hinblick auf das Marketing beurteilen.

Die externen Einflussgrößen der Marketingsituation können mit Hilfe des STEP-Ansatzes systematisch untersucht werden. Dieser unterscheidet sozio-kulturelle, ökonomische, technologische und politische Einflussgrößen.

Einige der nachfolgend aufgeführten Punkte unterliegen einem kurzfristigen Wandel (Beispiel: Moden). Andere Einflussgrößen ändern sich in einem langsameren Tempo (Beispiel: Einstellungen).

> **Beispiele für wichtige externe Einflussgrößen**
> Sozio-kulturelle Einflussgrößen:
> Werte, Einstellungen, Bedürfnisse, Trends, Moden, Ernährungsbewusstsein und -verhalten, Freizeitgestaltung
> Technologische Einflussgrößen:
> Kommunikationstechnologie, Umwelttechnologie, Produktionstechnik, Transport- und Lagertechnik
> Ökonomische Einflussgrößen:
> Kräfteverhältnisse auf den Märkten, Wirtschaftswachstum, Bevölkerungsentwicklung, Kaufkraft

Wichtige interne Einflussgrößen sind unter anderem die organisatorischen Voraussetzungen in den Gartenbauunternehmen sowie die fachliche Qualifikation der im Unternehmen Tätigen. Auch das Ausmaß der Kundenorientierung der Beschäftigten stellt eine wesentliche Einflussgröße dar.

2.1.1 Chancen und Risiken

Gartenbauunternehmer müssen die genannten Einflussgrößen und ihre Konsequenzen für das Marketing fortlaufend und systematisch analysieren. Hierzu dient ihnen das Informationsmanagement. Punktuell und unsystematisch anfallende Informationen müssen wahrgenommen, strukturiert und im Hinblick auf ihre Bedeutung eingeschätzt werden. In diesem Zusammenhang wird es immer wichtiger, mit digitalen Medien sachgerecht umgehen zu können.

Aus der sorgfältigen (und laufend durchzuführenden) Analyse der Einflussgrößen können die maßgeblichen Chancen und Risiken herausgearbeitet werden. Im Wesentlichen geht es darum, aufmerksam zu beobachten und dabei, gleich einem Ra-

Tab. 1: Beispiel für eine Chancen- und Risiko-Aufstellung eines GaLaBau-Unternehmens

Einflussgröße	Chance für das Unternehmen?	Risiko für das Unternehmen?
Marktsituation		
Entwicklung des Marktvolumens	Neubaugebiete werden im Marktgebiet ausgewiesen.	Die durchschnittliche Größe der Privat-Gartenflächen sinkt.
Entwicklung einzelner Teilmärkte	Naturnahe Schwimmteiche und Baumpflege sind Wachstumsbereiche.	Gewerbliche Kunden wollen zunehmend alles aus einer Hand (komplettes Facility Management).
Kundensituation		
Entwicklung der Kaufkraft und Kundenstruktur	Große Zahl an Privathaushalten mit hohen und weiter wachsenden Vermögenswerten im Marktgebiet.	Behält der Garten auch bei nachrückenden Generationen seine große Bedeutung?
Einstellungen auf Kundenseite	Der Garten wird zunehmend zum verlängerten Wohnzimmer (wachsende Ansprüche an Komfort und Gestaltung).	Die Do-it-yourself-Praxis breitet sich bei Privathaushalten weiter aus.
Ansprüche an die Qualität und den Service	Zahlungskräftige Kunden legen Wert auf niveauvolle fachliche Beratung und hochwertige Lösungen aus einer Hand.	Können wir den hohen Ansprüchen jederzeit gerecht werden?
Kaufverhalten	Begeisterte Kunden sind treue Kunden!	Die kommunalen Auftraggeber müssen radikale Ausgabenkürzungen vornehmen.
Situation auf den vor- und nachgelagerten Marktstufen		
Technologische Entwicklungen	Die Nutzung moderner Kommunikationstechnologien ermöglicht einen intensiven Dialog mit aktuellen oder potenziellen Kunden.	Halten wir mit den Entwicklungen Schritt?
Entwicklung der Strukturen	Die Partnerschaft mit einzelnen Materiallieferanten kann den Zugang zu neuen Märkten eröffnen und beschleunigen.	Der Preiskampf der Baumärkte drückt das Preisniveau bei Materialien.
Abhängigkeiten		Im Baustoffhandel findet ein starker Konzentrationsprozess statt. Damit wächst die Abhängigkeit von einzelnen Lieferanten.
Kooperationsbereitschaft	Kooperationsbereitschaft mit geeigneten Partnern ist vorhanden.	Finden wir geeignete Partner?
Konkurrenzsituation		
Anzahl und Größe der Konkurrenten	Leistungsfähige und spezialisierte Klein-Unternehmen können sinnvoll als Sub-Unternehmer einbezogen werden.	Wachsende Zahl an Kleinst-GaLaBau-unternehmen.
Wettbewerbsintensität	Qualität setzt sich durch!	Der Wettbewerb unter den GaLaBauern drückt das Preisniveau.
Marktstellung der Konkurrenten (Machtverhältnisse)	Der altbewährte eigene Firmenname ist als Marke unbezahlbar. Diesen Vorteil haben nur wir!	Die Mitbewerber rüsten marketingmäßig auf.
Kooperationsmöglichkeiten	Die Kooperation mit anderen GaLa-Bauern ermöglicht billigere Einkäufe, ein höheres Niveau bei der Leistungserstellung und eine professionellere Kommunikation mit den Auftraggebern.	Unsere Unabhängigkeit darf nie in Frage gestellt sein.

Tab. 2: Allgemeine Entwicklungen und ihre Einstufung als Chance oder Risiko

Chancen	Risiken
Der Alterungsprozess der Bevölkerung lässt eine steigende Nachfrage nach hochwertigen Nahrungsmitteln und anderen problemlösenden Leistungen erwarten.	Die Bevölkerungszahl Deutschlands ist rückläufig, in manchen Regionen findet ein massiver Einwohnerschwund statt. Wie entwickeln sich die Kaufkraft und die Verwendung privater Einkommen in den verschiedenen Bevölkerungsschichten, insbesondere bei den Rentnern?
Die Einstellung der deutschen Bevölkerung zu gesunden Nahrungsmitteln, zu Pflanzen und zum Garten verspricht auch zukünftig eine relativ hohe Zahlungsbereitschaft für entsprechend hochwertige Leistungen.	Das Verbraucherverhalten ist immer schwerer einschätzbar. Das Verhalten ist sprunghaft (multioptional).
Erfolgreiche Beispiele von Kooperationen zeigen, dass gärtnerische Familienunternehmen durchaus mit kapitalkräftigen und filialisierten Unternehmen mithalten können.	Der Wettbewerb unter den Anbietern von gartenbaulichen Leistungen ist sehr intensiv. Tendenziell sind die Gewinner solche Unternehmen, die entweder eine sehr breite Palette an Leistungen anbieten oder spezialisierte und mit einem sehr hohen Professionalisierungsgrad arbeitende Unternehmen.
Die Öffnung der Märkte Ost- und Mitteleuropas. Die schrittweise Öffnung der Märkte in Ländern der Südhemisphäre für gartenbauliche Zulieferfirmen und Dienstleister. Fortschritte bei der Verbesserung des Sortenschutzes.	Die ständige Verbesserung der Produktions-, Lager- und Transporttechnik ermöglicht die problemlose Zufuhr von hochwertigen Gartenbauprodukten aus anderen Klimazonen. Die politisch forcierte Öffnung des EU-Marktes für Agrargüter aus Lieferländern der Südhemisphäre.
Die zunehmende Unabhängigkeit vom Erdöl als Energieträger sowie der technische Fortschritt machen Hoffnung auf einen zukunftsfähigen Unterglasanbau.	Die Entwicklung der Energiepreise.

darschirm, wichtige Veränderungen möglichst frühzeitig zu erkennen.

Eine Aufstellung der Chancen und Risiken für ein GaLaBau-Unternehmen kann beispielsweise aussehen, wie in Tabelle 1 dargestellt.

Tabelle 2 enthält wichtige allgemeine Entwicklungen, die für Gartenbauunternehmen Chancen bzw. Risiken darstellen können!

2.1.2 Stärken und Schwächen

Mit Kenngrößen den Markt erfassen

Um die Ergebnisse des STEP-Ansatzes zu bewerten, sollte im Anschluss eine Stärken-/Schwächenanalyse des eigenen Unternehmens im Vergleich zu den wichtigsten Mitbewerbern durchgeführt werden.

Im Kern geht es dabei um die Frage: Wo ist wer näher an den Präferenzen der Kunden(gruppen) dran?

Mögliche Vergleichskriterien sind dabei die Marktstellung (Sortiment, Innovationen), die Kapitalausstattung, Preisgestaltung, Kostenstrukturen, die Vertriebsorganisation, die Erreichbarkeit, die Kommunikation nach innen und außen sowie die Intensität der Zusammenarbeit mit anderen Gartenbauunternehmen bzw. mit Unternehmen der vor- und nachgelagerten Stufe.

2.1.3 Den eigenen Markt zahlenmäßig erfassen

Mit Hilfe der folgenden Kenngrößen kann ein Gartenbauunternehmen seinen eigenen Markt näher untersuchen:
- Marktpotenzial,
- Marktvolumen,
- Absatzpotenzial,
- Absatzvolumen,
- Marktanteil.

16

Marktpotenzial

Als Marktpotenzial wird nach WEIS (2004) „die überhaupt mögliche Aufnahmefähigkeit eines Marktes für ein Produkt oder eine Dienstleistung" bezeichnet. Das Marktpotenzial gibt somit an, wie viele Einheiten einer Leistung auf einem bestimmten Markt abgesetzt werden können, falls alle denkbaren Käufer über das erforderliche Einkommen verfügen würden und die Leistung auch kaufen wollten.

Tabelle 3 zeigt mögliche Bestimmungsgrößen für das Marktpotenzial.

Das aktivierbare Marktpotenzial

Zieht man vom Marktpotenzial das nicht aktivierbare Marktpotenzial ab, verbleibt als Restgröße das aktivierbare Marktpotenzial. Dies können z. B. die Einwohner im Marktgebiet ab einer Altersgruppe von 14 Jahren aufwärts sein. Diejenigen in der Altersstufe unterhalb von 14 Jahren zählen dann zum nicht aktivierbaren Marktpotenzial. Diese Unterscheidung kann beispielsweise im Zierpflanzenbau von Bedeutung sein. Bei Frischgemüse dagegen kann man davon ausgehen, dass alle Altersgruppen am Verbrauch beteiligt sind.

Neben der Erfassung des Marktpotenzials von Gesamtmärkten ist auch die Abschätzung der Marktpotenziale einzelner Teilmärkte bzw. Produktgruppen von besonderer Bedeutung.

Während der Pro-Kopf-Verbrauch von Frischgemüse stagniert, zeigt er bei Bio-Frischgemüse ein starkes mengenmäßiges Wachstum. Im Garten- und Landschaftsbau gibt es Teilmärkte, z. B. den Markt für naturnahe Schwimmteiche, die deutlich stärker wachsen als der Gesamtmarkt.

Berechnung des Marktpotenzials in Teilmärkten

Ein Hilfsmittel zur Berechnung des Marktpotenzials in Teilmärkten ist der wert- oder mengenmäßige Pro-Kopf-Verbrauch von einzelnen Gütern durch Privatpersonen. Für eine Vielzahl von Gartenbauprodukten liegen entsprechende Werte des Pro-Kopf-Verbrauchs vor, die von der Zentralen Markt- und Preisberichtstelle (www.zmp.de) bereitgestellt werden.

Da es sich bei den mengen- und wertmäßigen Pro-Kopf-Verbräuchen um bundesweite Durchschnittswerte handelt, sind regionale Besonderheiten in den Verbräuchen zu beachten (siehe Tab. 4).

Marktvolumen

Der Begriff Marktvolumen beschreibt realisierte oder prognostizierte Absatzvolumina einer Güter- oder Dienstleistungsart

Tab. 3: Bestimmungsgrößen für das Marktpotenzial

Bestimmungsgrößen für das Marktpotenzial	Erläuterung
Zahl der potenziellen Nachfrager	Für die Bestimmung ist das Marktgebiet abzugrenzen. Für den Fall der Privatkunden ist die offizielle Einwohnerstatistik bzw. eigenes Adressmaterial heranzuziehen. Spezialisierte Firmen bieten Adressmaterial an.
Bedarfsintensität	Eigene Aufzeichnungen (Kundendatenbanken) sollten Aufschluss geben, z. B. über die Anzahl und Anteile von Intensiv-, Durchschnitts- und Gelegenheitskunden.
Markttransparenz	Private Verbräuche von Gartenbauprodukten werden im Falle von Gemüse, Zierpflanzen und Gehölzen in Form von Verbraucher-Panels relativ realitätsnah erfasst. Für Dienstleistungen, gewerbliche und öffentliche Verbräuche fehlen derartige Zahlen. Sie müssen durch eigene Aufzeichnungen ersetzt werden.
Marktsättigung	Auf gesättigten Märkten findet kein mengen- und/oder wertmäßiges Wachstum statt. Eigene Einschätzungen sowie die Beobachtung der Mitbewerber im Marktgebiet geben Aufschluss.
Marketingaktivitäten der Anbieter	Scheinbar gesättigte Märkte können durch einzigartige Marketingaktivitäten von Anbietern zum Wachstum gebracht werden. Hierzu können vor allem Innovationen beitragen.

Tab. 4: Beispiel für die Berechnung des Marktpotenzials in einem Teilmarkt (frisch verzehrte Tomaten)

Berechnungsweg Marktpotenzial	Beispiel Marktpotenzial frisch verzehrte Tomaten in einem Marktgebiet von 20000 Einwohnern
Marktpotenzial – nicht aktivierbares Marktpotenzial = aktivierbares Marktpotenzial	20000 – 0 = 20000
mengenmäßig aktivierbares Marktpotenzial (Einwohner × mengenmäßiger Pro-Kopf-Verbrauch laut Panelergebnissen)	20000 Einwohner × 7,4 kg/Kopf und Jahr = 148000 kg pro Jahr
wertmäßig aktivierbares Marktpotenzial (Einwohner × wertmäßiger Pro-Kopf-Verbrauch laut Panelergebnissen)	20000 Einwohner × 9,40 €/Kopf und Jahr = 188000 € pro Jahr

Der **Einzelhandelsgärtner Meier** grenzt sein Marktgebiet ab und ermittelt darin eine Anzahl von 20000 Einwohnern, die älter als 16 Jahre sind. Das wertmäßige Marktvolumen für Beet- und Balkonpflanzen beträgt bei einem Pro-Kopf-Verbrauch von 23 € somit 460000 € pro Jahr.

Der **Einzelhandelsgärtner Meier** schätzt, dass sein Unternehmen im Rahmen seiner Möglichkeiten vom wertmäßigen Marktvolumen für Beet- und Balkonpflanzen ein Absatzpotenzial von 130000 € erschließen kann.

Die **Gärtnerei Meier** macht mit Beet- und Balkonpflanzen einen jährlichen Umsatz von 100000 €. Dieser Wert entspricht ihrem wertmäßigen Absatzvolumen bei Beet- und Balkonpflanzen in einem Jahr.

Einzelhandelsgärtner Meier berechnet seinen wertmäßigen Marktanteil bei Beet- und Balkonpflanzen:

$$\frac{100000 \, € \times 100}{460000 \, €} = \text{rund } 22\% \text{ wertmäßiger Marktanteil}$$

pro Periode in einem bestimmten Markt. Es kann sowohl in Absatzmengen als auch wertmäßig beschrieben werden. Das Marktvolumen berechnet sich aus dem Marktpotenzial minus dem Anteil, bei dem keine Kaufkraft für den Erwerb der betref-

fenden Leistung vorhanden ist. Somit entspricht das Marktvolumen dem aktivierbaren Marktpotenzial.

Absatzpotenzial

Das Absatzpotenzial ist die Absatzmenge einer Güter- oder Dienstleistungsart, die ein Unternehmen glaubt, maximal erreichen zu können. Dieser Wert kann einem Unternehmen als Zielgröße dienen.

Absatzvolumen

Es ist die Gesamtheit der Absatzmenge bzw. Absatzerlöse, die ein einzelnes Unternehmen innerhalb eines bestimmten Zeitraumes im Markt absetzen kann. Alle Absatzvolumina der im betreffenden Markt anbietenden Unternehmen ergeben zusammen das Marktvolumen.

Marktanteil

Der aktuell erreichte prozentuale Anteil eines Unternehmens am Marktvolumen kann in Mengen- oder in Werteinheiten ausgedrückt werden (mengen- bzw. wertmäßiger Marktanteil).

Durch die Ermittlung des Marktanteils lässt sich feststellen, wie stark die Position eines Unternehmens im Vergleich zu anderen Unternehmen auf einem bestimmten Markt ist.

Berechnung des wert- bzw. mengenmäßigen Marktanteils:

$$\frac{\text{Absatzvolumen des Unternehmens} \times 100}{\text{Marktvolumen}}$$

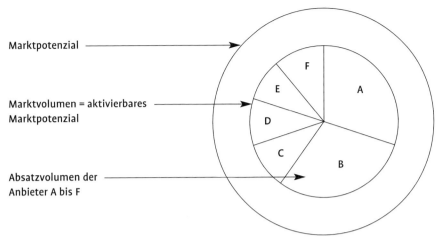

Marktpotenzial

Marktvolumen = aktivierbares Marktpotenzial

Absatzvolumen der Anbieter A bis F

Abb. 3
Der Zusammenhang zwischen Marktpotenzial, Marktvolumen und Absatzvolumen (nach Becker 2001).

Die zeitliche Veränderung des Marktanteils eines Unternehmens zeigt die Verbesserung oder Verschlechterung der eigenen Marktstellung an. Dabei interessiert, wie sich das Markt- bzw. Absatzvolumen des Gesamtmarktes entwickelt hat. Unterschiede zwischen dem Wachstum eines Marktes und dem eines Unternehmens verändern Marktanteile.

> Die Praxis zeigt: Es besteht ein enger Zusammenhang zwischen der Höhe des Marktanteils eines Unternehmens und dessen wirtschaftlichem Erfolg.

2.1.4 Mehr über die Kunden wissen

Die Käuferverhaltensforschung deckt auf, welches die zentralen Bestimmungsfaktoren des Kaufverhaltens sind. Sie liefert aussagekräftige Erklärungsansätze für das beobachtbare Käuferverhalten.

Derartige Marktforschungsdaten werden für den Gartenbau teilweise durch die Gesellschaft für Konsumforschung (GfK, www.gfk.de) sowie andere Freizeitforschungsinstitute erarbeitet. Insbesondere für den Dienstleistungsgartenbau fehlen diese Zahlen weitgehend.

2.1.5 Marktforschung im Produktions- und Dienstleistungsgartenbau

Zunächst ist zwischen quantitativer und qualitativer Marktforschung zu unterscheiden.

Quantitative Marktforschung

Auf die Vergangenheit, Gegenwart oder die Zukunft bezogen werden Daten entweder neu erhoben (Primärerhebung) oder es werden bereits vorhandene Daten für die eigene Auswertung verwendet (Sekun-

Abb. 4
Bestimmungsfaktoren für das Kaufverhalten.

därerhebung). Produkttests oder Testkäufe sind Beispiele für Primärerhebungen. Daten für die Verwendung in Sekundärerhebungen stehen dem Gartenbau in Form von Panelergebnissen sowie von Kaufkraftindizes zur Verfügung.

Panels

In der Regel kennt man im Produktions- und Dienstleistungsgartenbau sogenannte Teilerhebungen, bei denen anstelle des Gesamtmarktes eine ausgewählte Anzahl von Erfassungssubjekten oder -objekten erfasst werden. So lässt beispielsweise die Centrale Marketing Agentur der deutschen Agrarwirtschaft (CMA) Primärdaten durch sogenannte Panels erfassen, um Informationen über den wert- und/oder mengenmäßigen Verbrauch von Frischgemüse, Zierpflanzen und Gehölzen zu erhalten. Panels sind eine stets wiederkehrende Erhebung bei identischen Personen- oder Firmengruppen. Im Gartenbau ist das sogenannte Haushaltspanel wichtig, bei dem eine bestimmte Anzahl von repräsentativ ausgewählten Haushalten regelmäßig aufzeichnet, welche Produkte und Dienstleistungen in welchem Wert wo eingekauft wurden.

Kaufkraftindex

Auch der Kaufkraftindex einer Region ist eine wichtige Kenngröße. Mit Hilfe dieser Kennzahl kann man den Durchschnittswert des Pro-Kopf-Verbrauches an die Verhältnisse der Region anpassen. Entsprechende Daten sind beispielsweise aus der Kaufkraft-Karte der Gesellschaft für Konsumforschung (GfK) zu entnehmen.

Produkttests

Produkttests werden beispielsweise durchgeführt, wenn ein neuartiges Produkt bzw. eine neuartige Verpackung noch nicht auf dem Markt eingeführt ist und die Akzeptanz geprüft werden soll. Häufig wählt man hierfür bestimmte Testmärkte aus.

Testkäufe

Testkäufe beinhalten den Einsatz von unabhängigen und anonymen Testkäufern, um die Qualität der eigenen Leistungen zu messen. Vorgegebene Qualitätsmerkmale werden vom Testkäufer bewertet und nach der Inanspruchnahme der Leistungen in einem Protokoll festgehalten. Auch die Qualität von Beratungsgesprächen kann auf diese Art und Weise überprüft werden.

Tab. 5: Inhalte und Methoden bei Befragungen

Was interessiert bei Befragungen?	Welche Methoden kommen zum Einsatz?
Wer kauft wo, wie viel und warum?	Persönliche Befragung. Schriftliche Befragung. Telefonbefragung.
Welches Budget gibt der Kunde für ein bestimmtes Produkt oder eine bestimmte Produktgruppe aus? Wie viel hiervon entfällt auf das eigene Unternehmen?	Gezielte persönliche Befragung von Nicht-Kunden (z. B. bei Tagen der offenen Tür, Gewerbeschauen usw.).
Warum kommen Stammkunden immer wieder?	Moderierte Gruppendiskussion mit repräsentativ ausgewählten Diskussionsteilnehmern (vgl. Erläuterungen im Glossar, Seite 91).
Wo haben die Kunden mit einem bestimmten Produkt Probleme?	Zufriedenheitsbefragungen: Kunden fällt es meist schwer, die Wichtigkeit einer bestimmten Einflussgröße auf ihr Kaufverhalten anzugeben. Die Frage nach außergewöhnlich guten oder schlechten Erfahrungen mit dem Unternehmen bringt oft bessere Ergebnisse als die Frage nach Erfahrungen in Routinesituationen. Diese außergewöhnlichen Erfahrungen beeinflussen häufig sehr stark die gesamte Wahrnehmung des Unternehmens (vgl. Näheres im Glossar unter „Kritische Ereignisse").
Gibt es bisher noch nicht abgedeckte Bedürfnisse? Zum Beispiel nach mehr Lieferservice? Sind die Kunden bereit, hierfür auch zu zahlen?	
Fehlen bestimmte Produkte im Angebot?	
Empfehlen die Kunden die Firma weiter?	
Wenn ja, welche Gründe werden hierbei genannt?	

Qualitative Marktforschung

Ein wichtiges Instrument der qualitativen Marktforschung sind Befragungen.

Befragungen

Tabelle 5 zeigt die wichtigsten Inhalte und Methoden von Befragungen.

Zufriedene Kunden sind nicht unbedingt treue Kunden. Dies ist bei der Bewertung von Zufriedenheitsbefragungen grundsätzlich zu beachten. Gerade die Befragung von Nicht-Kunden gibt wichtige und von Stammkunden in der Regel kaum geäußerte Hinweise auf eigene Schwachstellen und zeigt somit auf, wie man den Mitbewerbern Kunden abwerben und somit neue Kunden gewinnen kann.

Wichtig ist, dass die Veränderungen der Ansprüche auf Kundenseite im Zeitablauf erfasst werden. Dies kann durch regelmäßige Befragungen einer gleichbleibenden Untersuchungsgruppe geschehen. In vielen Branchen steigen die Ansprüche der Kunden an die Produkte und Dienstleistungen, während die Zahlungsbereitschaft sinkt. Die Folge ist, dass beispielsweise ein guter Service einen höheren Preis im Laufe der Zeit immer weniger kompensieren kann.

Kundenkartei

Durch die Sammlung von verkaufsrelevanten Daten am Verkaufsort bzw. durch die systematische Auswertung von Kundenkontakten können wichtige Informationen zur Erklärung des Kaufverhaltens gewonnen werden. Durch die systematische Beobachtung von Kunden (beispielsweise in Einkaufsstätten) kann man Hinweise für eigene Marketingaktivitäten erhalten. Auf welche Reize reagieren Kunden in Einkaufsstätten? Welches sind die typischen Wegstrecken? Wie lange ist die Verweildauer an bestimmten Punkten bzw. bei bzw. Produktgruppen?

Ähnliche Beobachtungspunkte lassen sich für Beratungs- und Verkaufsgespräche bestimmen. Zum Beispiel: Welche Argumente führten besonders häufig zum Kaufabschluss? Das Verkaufs- und Servicepersonal muss entsprechend instruiert sein, um wesentliche Äußerungen von Kunden wahrnehmen, einordnen und dokumentieren zu können.

Derartige Informationen können durch das Einpflegen in eine Kundenkartei in eine handhabbare Struktur gebracht werden. Eine mögliche Form der Gliederung einer Kundenkartei könnte wie folgt aussehen.

Beispielhafter Aufbau einer Kundenkartei:
- Name, Anschrift, Telefon
- Zahl der Haushaltsmitglieder
- Wird für Bekannte/Verwandte mit eingekauft?
- Welches sind die meistgekauften Produkte?
- Wie viel (Umsatz)?
- Welche Reklamationen gab es?

Mögliche Kategorien einer Kundenkartei:
- Stamm-,
- Erst- und
- Gelegenheitskunden.

2.2 Die Nachfrage nach gartenbaulichen Leistungen

Die Nachfrager nach Leistungen von Produktions- und Dienstleistungsunternehmen können sein:
- private Haushalte,
- gewerbliche Unternehmen,
- Körperschaften des öffentlichen Rechts (Staat).

Diese Nachfrager haben Bedürfnisse, zeigen einen **Bedarf** und decken diesen am Markt in Form der **Nachfrage** nach einer Leistung. Im Laufe der Zeit bilden sie aufgrund der gemachten Erfahrungen Präferenzen aus.

Ein **Bedürfnis** ist ein „Ausdruck des Mangels an Zufriedenstellung" KOTLER und BLIEMEL (1999). Wünsche dagegen sind das Verlangen nach konkreter Befriedigung. Während der Mensch nur relativ wenige Bedürfnisse hat, sind seine **Wünsche** zahlreich. Diese Wünsche werden durch das Einwirken gesellschaftlicher Kräfte und Institutionen – Kirchen, Schulen, Familie und Wirtschaftsunternehmen – kontinuierlich geformt und umgestaltet.

Unter **Nachfrage** ist der Wunsch nach spezifischen Produkten zu verstehen, begleitet von der Fähigkeit und der Bereitschaft zum Kauf. Wünsche werden zur Nachfrage, wenn eine entsprechende Kaufkraft hinter ihnen steht. Allerdings wägen Nachfrager dabei Nutzen und Kosten gegeneinander ab. Ein potenzieller Verbraucher wird eine Zufriedenstellung nur dann erreichen, wenn seine Wahl zu einem Nettonutzen führt. Der Nutzen muss höher als die Kosten für die Beschaffung der Leistung sein.

Diese Zusammenhänge werden besonders am Beispiel der Nachfrage der Privathaushalte nach Frischgemüse deutlich: Fragt man Verbraucher nach ihren für dieses Beispiel relevanten **Wünschen**, wird die Gesundheit in den Antworten eine große Rolle spielen. Befragt nach den **Bedürfnissen** im Zusammenhang mit Frischgemüse, stehen der möglichst hohe gesundheitliche Wert und die Rückstandsfreiheit im Vordergrund. Bei näherer Untersuchung der Nachfrage der Privathaushalte nach Frischgemüse zeigt sich, dass die Preisorientierung eine relativ große Bedeutung hat. Preisaggressive Einzelhändler konnten daher in den zurückliegenden Jahren Marktanteile hinzu gewinnen. Neben niedrigen Preisen ermöglichten sie das zeitsparende Einkaufen. Der subjektiv empfundene **Nutzen** von Bio-Frischgemüse stieg für die Privathaushalte in dem Maße, wie die Preise für diese Produkte sanken und sie leichter verfügbar waren. In der Folge erfuhr der Markt ein starkes mengenmäßiges Wachstum.

2.2.1 Wichtige Einflussgrößen auf die Nachfrage nach gartenbaulichen Leistungen

Die Nachfrage nach gartenbaulichen Leistungen wird durch soziodemografische Einflussgrößen, Preise für gartenbauliche Leistungen und die Bedarfsstruktur bestimmt.

Soziodemografische Einflussgrößen
Bevölkerungszahl. Schrumpft die Bevölkerungszahl im Marktgebiet, entsteht mehr Wettbewerb um die verbleibenden Einwohner. Die regionalen Unterschiede werden in Deutschland infolge von Zu- und Abwanderungsbewegungen größer. Wo es ausreichend Arbeitsplätze gibt, bekommen Familien mehr Kinder und es siedeln sich Familien an, die schon Kinder haben. Hieraus ergeben sich auch Konsequenzen für die regionale Altersstruktur.

Altersstruktur der Bevölkerung. Aufgrund der fortschreitenden Veränderung der Alterspyramide sind mittelfristig Veränderungen im Kaufverhalten der Bevölkerung zu erwarten. Im Jahr 2030 wird der Anteil der mindestens Sechzigjährigen an der deutschen Bevölkerung im Vergleich zum Jahr 2001 um 10 Prozentpunkte auf 34% und bis 2050 auf 36 bis 37% gestiegen sein (DIW 2004). Im gleichen Zug sinkt der Anteil der maximal Zwanzigjährigen von 21% im Jahr 2001 auf 17% im Jahre 2030 und schließlich auf 16% im Jahre 2050. Hinzu kommt, dass diese strukturellen Entwicklungen regional noch deutlich drastischer ausfallen können.

Die **Einkommenshöhe** und **Einkommensverteilung** sind weitere wichtige soziodemografische Einflussgrößen, allerdings mit sehr großen regionalen Unterschieden. Diese Unterschiede werden durch den Kaufkraftindex widergespiegelt. Aufgrund der Entwicklungen in den vergangenen Jahren erwarten Experten für die nahe Zukunft eine sich weiter auseinander entwickelnde Einkommensverteilung.

Wie der Einfluss des Geschlechts auf das Kaufverhalten von gartenbaulichen Leistungen ist, wurde bisher noch wenig untersucht. Schätzungen zufolge werden 80 bis 90% der Ausgaben von Privathaushalten von Frauen realisiert. Geht es um die Ernährung von Kindern oder um die Gestaltung des Wohnraumes oder Gartens dürfte die Bedeutung von Frauen für den Kaufentscheid noch steigen. Die Entscheidungsprozesse laufen zwischen Männern und Frauen unterschiedlich ab. Im Vergleich zu Männern reagieren Frauen auf andere Art, wenn sie beispielsweise mit Werbemaßnahmen konfrontiert werden. Derartige Unterschiede müssen wegen der großen Bedeutung von Frauen für gartenbauliche Märkte beim Einsatz der Marke-

Soziodemografie

Abb. 5
Die Bedürfnispyramide
nach MASLOW (1975).

tinginstrumente verstärkt beachtet werden.

Preise für gartenbauliche Leistungen und für die in Frage kommenden Alternativen

Marktforschungsergebnisse aus dem Einzelhandel deuten darauf hin, dass der Preis als Einflussgröße auf Kaufentscheidungen in der jüngeren Vergangenheit deutlich an Bedeutung gewonnen hat. Auf der anderen Seite gibt es auch Situationen, in denen ansonsten eher preissensible Kunden sich auch von anderen Kaufentscheidungskriterien leiten lassen. Diese Zusammenhänge sind im Gartenbau noch zu wenig untersucht.

Bedarfsstruktur

Für das Verständnis der Bedarfsstruktur von Konsumenten ist die MASLOW-Pyramide ein geeignetes Hilfsmittel. MASLOW (1975) unterscheidet verschiedene Niveaus von Bedürfnissen. Er hatte beobachtet, dass Bedürfnisse den Menschen nicht immer alle gleich wichtig, sondern vielmehr hierarchisch angeordnet sind. Er ging davon aus, dass erst die „niedrigeren" Bedürfnisse erfüllt sein müssen, bevor die nächsthöheren überhaupt wirksam werden. Im Märchen „Die drei Wünsche" von JOHANN PETER HEBEL heißt es hierzu passend: „Wenn man's gut hat, hätt man's gern besser."

Immaterielle Werte wie Zeit für sich selbst und anderweitige Freiräume zur Entfaltung der ganz persönlichen Lebensentwürfe sind für den Gartenbau von großer Bedeutung. Die Branche kann eine Vielzahl von Leistungen liefern, die einen unmittelbaren Nutzen für die kreative, selbstverwirklichungsorientierte Zeitgestaltung der Abnehmer liefern.

Preise

2.2.2 Wichtige private Zielgruppen für gartenbauliche Leistungen

Für den Gartenbau bzw. für das Angebot an gartenbaulichen Leistungen sind im Prinzip vier Bevölkerungsgruppen von besonderem Interesse.

a) **Personen ab 50 Jahre:** Körperlich und geistig rüstige Personen mit gehobenem Einkommen. Die höchsten Vermögenswerte sind in den Händen der Altersgruppe 50 bis 69 Jahre („best-ager", 50+-Gruppe). Erbschaften, durch den Auszug der Kinder bedingte zeitliche und finanzielle Freiräume, beruflicher Aufstieg u. a. machen diese Bevölkerungsgruppe zu einer interessanten Zielgruppe. Ältere Einwohner sind aufgrund ihrer langjährigen Konsumerfahrung zwar kritische Verbraucher, aber sie sind andererseits eher loyal zu solchen Fachbetrieben, die ihren Bedarf auch tatsächlich zu befriedigen wissen.

Bedarfsstruktur

23

Außerdem ist im Alter das Bedürfnis nach sozialen Kontakten, nach Informationen und aktiver Teilnahme am gesellschaftlichen Leben überdurchschnittlich ausgeprägt. Senioren sind wichtige Konsumenten für den eigenen Bedarf und für den Bedarf Dritter. Sie sind häufig mobil und leisten für Angehörige und Bekannte eine Vielzahl von unterstützenden Dienstleistungen, unter anderem in Form von Einkäufen.

b) **Single-Haushalte:** Diese, besonders in den größeren Städten sehr bedeutsame Zielgruppe (> 30 % der Haushalte) hat einen sehr spezifischen Bedarf, der beispielsweise bei den Packungsgrößen oder hinsichtlich der Küchenfertigkeit von Nahrungsmitteln deutlich von anderen Konsumentengruppen abweicht.

c) **Kinderlose Doppelverdiener (DINKS):** Diese Zielgruppe ist häufig wohlhabend, unternehmungslustig und konsumfreudig.

d) **Sonstige:** Außerdem spielen gewerbliche Firmen sowie öffentliche Einrichtungen als Auftraggeber für gartenbauliche Leistungen ein große Rolle.

2.2.3 Preiselastizität der Nachfrage und des Einkommens

Wie sich der Einfluss des Preises für Güter und deren Konkurrenzprodukte auf die Nachfrage auswirkt, wird mit sogenannten Preiselastizitäten beschrieben.

Den Einfluss einer Preiserhöhung (in %) auf die Veränderung der nachgefragten Mengen (in %) beschreiben mengenmäßige Elastizitäten. Man kennt die preiselastische und die preisunelastische Nachfrage. Verursacht eine Preiserhöhung für ein Produkt eine starke Reaktion der Nachfrage, dann spricht man von einer preiselastischen Nachfrage. Wird dagegen ein Produkt trotz einer Preiserhöhung unverändert stark nachgefragt, spricht man von einer preisunelastischen Nachfrage. Wie empfindlich die Nachfrage auf eine Preisveränderung für ein bestimmtes Gut reagiert, hängt u. a. davon ab, welche Alternative für das betreffende Produkt auf dem Markt ist und wie umfangreich demnach die Wahlmöglichkeiten des Nachfragers sind.

Nachfrageverhalten bei Preisveränderungen

Wählt man das Einkommen als Einflussgröße auf die Nachfrage und betrachtet, wie die mengen- oder wertmäßige Nachfrage auf ein verändertes Einkommensniveau reagiert, spricht man von der Einkommenselastizität der Nachfrage.

Das nach dem deutschen Statistiker ERNST ENGEL (1821 bis 1896) benannte ENGELsche Gesetz beschreibt die Gesetzmäßigkeit, dass der Anteil des Einkommens, den ein Haushalt für Nahrungsmittel ausgibt, mit steigendem Einkommen sinkt. Privathaushalte mit relativ niedrigen Einkommen geben beispielsweise einen relativ höheren Anteil ihres Einkommens für Nahrungsmittel aus und werden somit durch Preiserhöhungen entsprechend stärker benachteiligt. Die Erkenntnisse aus dem ENGELschen Gesetz waren in Deutschland der Grund dafür, einen verminderten Mehrwertsteuersatz für Nahrungsmittel einzuführen.

Gartenbauprodukte werden in der Regel preiselastisch nachgefragt. Preisänderungen nach unten oder oben verursachen Veränderungen in der nachgefragten Menge.

Beispiel Frischgemüse: Steigen die Preise für ein Produkt, weichen die Nachfrager auf ein anderes Produkt aus. Die Nachfrage nach dem betreffenden Produkt sinkt. Die Gründe hierfür liegen in der Ubiquität (Überall-Erhältlichkeit) und Austauschbarkeit einer Vielzahl von Gartenbauprodukten. Die Ubiquität rechtfertigt keinen zeitlich oder finanziell großen Aufwand bei der Anbieter-Auswahl (Beispiel: ein einfacher durchschnittlicher Strauß ohne gewisse Extras). Die Austauschbarkeit führt dazu, dass der wahrgenommene Wert (Nutzen) eines bestimmten Produktes nur unwesentlich über dem eines anderen Herstellers liegen kann. Daher lautet ein wichtiges Ziel für Gartenbauunternehmen, mit seinen Leistungen möglichst wenig austauschbar zu sein.

2.3 Alleinstellungsmerkmale

Den eigenen Wettbewerbsvorteil sollte ein Unternehmer präzise beschreiben können, und dies möglichst noch unterteilt nach einzelnen wichtigen Marktsegmenten. In der Literatur wird der konkrete Wettbewerbsvorteil auch als Alleinstellungsmerkmal bezeichnet – ein Merkmal also, das ein Unternehmen von anderen unterscheidet.

> Das Alleinstellungsmerkmal der eigenen Firma möglichst präzise beschreiben zu können, hilft dabei, Ziele und Strategien für das Unternehmen zu bestimmen.

Der nachfolgende Abschnitt fasst die Herausforderungen im Zusammenhang mit dem Erkennen der Marketingsituation zusammen.

2.4 Zusammenfassung – Erkennen der Marketingsituation

Die Abbildung 6 macht deutlich, dass es beim Erkennen der eigenen Marketingsituation grundsätzlich um eine kritische Standortbestimmung geht. Zusätzlich gilt es herauszufinden, für welche Leistungen bei den Abnehmern tatsächlich eine Zah-

Einzelhandelsgärtner Meier versucht sich an der Formulierung eines Alleinstellungsmerkmales seines Unternehmens: Innovationen mit Pflanzen – das sind wir!

Der **Gemüseproduzent Schmitt** wagt sich ebenfalls an dieses Thema und entdeckt zwei Alleinstellungsmerkmale, die ihn gegenüber anderen Lieferanten seiner Erzeugerorganisation herausheben: Schlagkraft und Zuverlässigkeit.

Der **GaLaBau-Unternehmer Müller** kommt zu folgendem Alleinstellungsmerkmal: GaLaBau Müller – das sind kreative Ideen für hochwertige Lebensräume.

lungsbereitschaft besteht. Richtet man diese Überlegungen in die Zukunft, lautet die entscheidende Frage: Wohin können wir uns entwickeln? Die Ergebnisse der Marktprognose können die Antwort hierauf erleichtern.

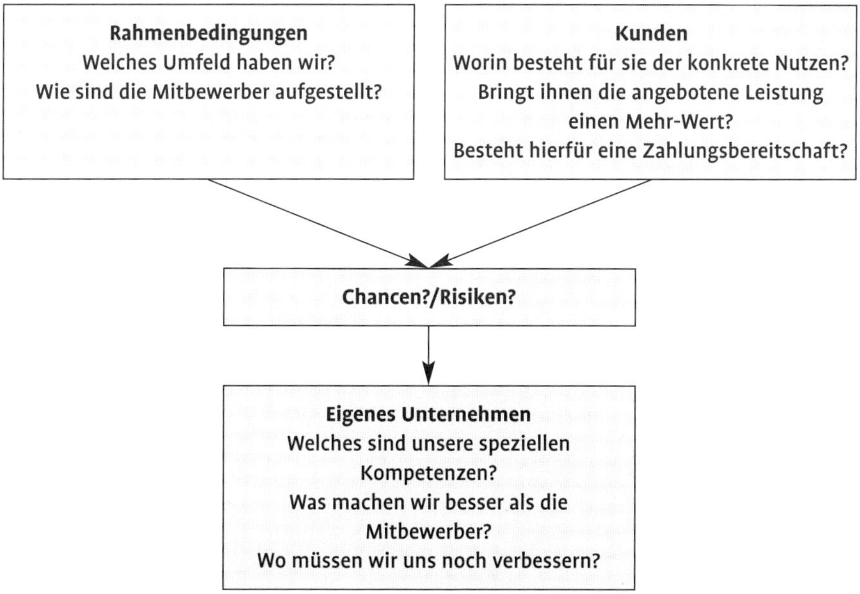

| **Rahmenbedingungen** Welches Umfeld haben wir? Wie sind die Mitbewerber aufgestellt? | **Kunden** Worin besteht für sie der konkrete Nutzen? Bringt ihnen die angebotene Leistung einen Mehr-Wert? Besteht hierfür eine Zahlungsbereitschaft? |

Abb. 6
Erkennen der Marketingsituation.

Chancen?/Risiken?

Eigenes Unternehmen
Welches sind unsere speziellen Kompetenzen?
Was machen wir besser als die Mitbewerber?
Wo müssen wir uns noch verbessern?

3 Grundfragen der Marktprognose

Wie wird sich der
Markt entwickeln?

Für die erfolgreiche Unternehmensführung ist nach BECKER (2001) nicht nur die Einsicht in die bisherigen Strukturen und Entwicklungen eines Marktes notwendig, sondern auch ihre Projektion in die Zukunft. Gerade strategische Entscheidungen mit ihren längerfristig bindendenden Wirkungen sind auf solche Prognosen bzw. Projektionen angewiesen.

3.1 Prognosen in wachsenden Märkten

Unternehmen benötigen Prognosen

> In stark wachsenden Märkten bestehen zwischen Marktpotenzial und Marktvolumen noch große Differenzen und somit Marktreserven.

Die Unternehmen können in solchen Märkten auch dann Absatz- bzw. Umsatzzuwächse realisieren, wenn sich die Marktanteile nicht oder nur unwesentlich positiv ändern. Die bestehenden Marktreserven sind im Allgemeinen dafür verantwortlich, dass solche Marktphasen durch ein eher friedliches Marktverhalten der Anbieter gekennzeichnet sind. Aktuelle Beispiele sind einzelne Teilmärkte für Gartenbauprodukte, wie naturnahe Schwimmteiche oder über den filialisierten Lebensmitteleinzelhandel vertriebenes Bio-Frischgemüse.

3.2 Prognosen in gesättigten Märkten

> Auf gesättigten Märkten ist das Marktpotenzial weitgehend ausgeschöpft.

Für das einzelne Unternehmen sind dann nennenswerte Absatzsteigerungen nur noch über den Einbruch in die Marktanteile der Mitbewerber möglich (Verdrängungswettbewerb). Das Marktverhalten in solchen Marktphasen ist daher grundsätzlich aggressiver. Damit sind zugleich strategische Veränderungen notwendig. Viele Leistungen, die Gartenbauunternehmer anbieten, treffen auf gesättigte Märkte. Andererseits gibt es im Gartenbau immer wieder Beispiele dafür, wie innovative Lösungen in scheinbar gesättigten Märkten Raum für weiteres Wachstum schaffen.

Auch wenn die Zukunft grundsätzlich nicht (genau) vorhersehbar ist, kann man dennoch versuchen, die Entwicklung des eigenen Marktes zu prognostizieren. Denn ohne Prognosen und ohne eine Bewertung der Unsicherheit kann keine konsequente strategische Planung vorgenommen werden.

Die Grundproblematik der Marketing- und Unternehmensplanung besteht darin, dass die Umfeld- und Rahmenbedingungen der Unternehmen u. a. in den Bereichen Politik, Wirtschaft und Technik nicht nur durch tief greifende, sondern vor allem auch durch plötzliche Veränderungen gekennzeichnet sind. Diese abrupten Veränderungen bedeuten freilich nicht nur Bedrohungen, sondern auch Chancen für unternehmerisches Handeln. Daher stellen Früherkennungs- bzw. Frühaufklärungsinformationen eine wichtige Grundlage für die Steuerung von Gartenbauunternehmen dar. Wie sich der Gartenbauunternehmer ein solches Instrument erarbeiten kann, wird im folgenden Kapitel erläutert.

3.3 Der strategische Radar

Mangels verfügbarer Zahlen trifft man in der Unternehmenspraxis meist auf qualitative Marktprognosen bzw. Abschätzungen der Marktentwicklung. Von Pero Micic (2003) wurde hierfür der Begriff „strategischer Radar" geprägt.

Mögliche Fragestellungen bei der Anwendung des strategischen Radars:

- Auf welche Veränderungen der Zielgruppenbedürfnisse müssen wir uns in den nächsten Jahren einstellen?
- Auf welche zukünftigen oder aktuellen Veränderungen der Wettbewerbsstruktur müssen wir reagieren?
- Wie wird die Branche allgemein in X Jahren aussehen
- Mit welchen technologischen Entwicklungen müssen wir rechnen?
- Wir wird sich das sozio-kulturelle Umfeld verändern (Gesellschaft, Werte usw.)?
- Wie wird sich das wirtschaftliche Umfeld verändern (Volkswirtschaft, Staat usw.)?
- Welche sonstigen Veränderungen sehen wir für die Zukunft des eigenen Unternehmens?
- Was müssen wir verändern, um „zukunftsfähig" zu bleiben bzw. zu werden?

Aus dieser Aufstellung wird erneut die große Bedeutung eines systematischen Informationsmanagements in den Gartenbauunternehmen deutlich. Berater, Verbände, Fachzeitschriften, Fachkollegen u. a. tragen mündliche und schriftliche Informationseinheiten in die Unternehmen. Diese sind dabei täglich neu gefordert, diese bruchstückhaft und unsystematisch aufgenommenen Aussagen zu strukturieren und in den „strategischen Radar" einfließen zu lassen.

Zusätzlich sind die aufgeführten Einschätzungen nicht zuletzt bei Betriebsübernahmen sehr entscheidende Punkte. Häufig scheitern diese an unterschiedlichen Vorstellungen über die Zukunft und in der Konsequenz über die strategische Ausrichtung des Unternehmens.

Die Marketingplanung beleuchtet die aktuelle Marketingsituation (Kapitel 2) und die zukünftige Marktentwicklung (Kapitel 3). Die Ergebnisse bilden das Fundament für die Marketingkonzeption.

4 Marketingkonzeption

Eine Marketingkonzeption ist ein grundlegender Leitplan des gesamten Unternehmens. Mit ihrer Hilfe soll der eingeschlagene Kurs regelmäßig überprüft und gegebenenfalls frühzeitig korrigiert werden. Die Marketingkonzeption beinhaltet planerische Aussagen zu den Marketingzielen, den Marketingstrategien sowie den Marketingmaßnahmen (Marketingmix). Zusätzlich werden Aussagen zu den geplanten Kontrollmaßnahmen getroffen.

Marketingziele, Marketingstrategien sowie der Marketingmix stehen in einer sehr engen Wechselbeziehung. Sie bilden ein Ganzes, die Marketingkonzeption. Die getroffenen Aussagen werden von oben nach unten immer konkreter.

4.1 Marketingziele

Das Unternehmen zielorientiert ausrichten

„Ohne eine zielorientierte Ausrichtung droht die Unternehmens- und Marketingplanung zu einer reaktiven Anpassung an Umweltveränderungen mit der Gefahr eines ‚Durchwurstelns‘ zu degenerieren" (RAFFEE 1984).

Typisch für Gartenbauunternehmen ist die starke Prägung von Werten und der im Alltag praktizierten Kultur durch die Unternehmerfamilie. Das Gartenbauunternehmen ist in der Regel die zentrale Einkommensquelle und Existenzgrundlage der Familie. Gleichzeitig ist es in vielen Fällen der sinngebende Lebensinhalt. Daher kann es von großem Wert sein, wenn man sich zunächst innerhalb der Unternehmerfamilie über die grundlegenden Werte verständigt. Im Anschluss daran können die Ergebnisse mit geeigneten Mitarbeitern in Form einer Mission formuliert werden (vgl. Begriffserklärung im Glossar, Seite 91).

Alle am Unternehmen beteiligten Personen benötigen eine derartige grundlegende Orientierung: Wie soll es mit dem Unternehmen weitergehen? Will man sich auf den bisherigen Lorbeeren ausruhen? Hält man sich dabei möglicherweise an falschen Sicherheiten fest? Sind die Möglichkeiten und Potenziale erkannt? Will man sie verwirklichen?

Nicht zuletzt hat die Persönlichkeit eines Unternehmers bzw. einer Unternehmerin einen starken Einfluss auf die strategische Ausrichtung eines Familienunternehmens.

Die nebenstehende Tabelle 6 soll die Hierarchie der verschiedenen Zielebenen verdeutlichen. Das jeweils untergeordnete

Abb. 7
Bestandteile einer
Marketingkonzeption.

Abb. 8
Inhalte bei der Formulierung von Marketingzielen.

Tab. 6: Basis- und Handlungsziele sowie ihre Mittel-Zweck-Beziehung zueinander

Ziele	Bezeichnung	Zweck	Inhalt
Übergeordnete Ziele (Basisziele)	Mission (Leitbild)	Sinngebung, Werte deutlich machen.	Was sind wir? Warum existieren wir? Woran glauben wir?
	Vision	Das Mittel für den Zweck der Mission. Roter Faden für die Unternehmensführung.	Wo müssen wir hin? Wie müssen wir uns weiterentwickeln? Wie können wir die Existenz und das Wachstum auf Dauer sichern? Wovon träumen wir?
	Corporate Identity (Identität des Unternehmens)	Kommunikation nach außen (Profil) und nach innen (Gewinnen/Einbinden der Mitarbeiter).	Die Beschreibung der Identität eines Unternehmens fasst die Mission und Vision zusammen.
Handlungsziele	Oberziele des Unternehmens	Orientierung für die Ableitung von Bereichszielen.	Zum Beispiel angemessene Gewinnerzielung; weitere Rentabilitätskennzahlen; Liquidität.
	Bereichsziele	Controlling: Planung, Steuerung, Kontrolle.	Unterscheidung nach Beschaffung, Leistungserstellung, Absatz.
	Marketingziele	Verknüpfung mit Marketingstrategien ermöglichen.	Unterscheidung nach a) ökonomischen und b) psychografischen Zielen*. Unterscheidung nach c) quantitativen und d) qualitativen Zielen**.
	Marketingziele für einzelne Bereiche/Geschäftsfelder	Oben genannte Ziele handhabbarer machen ⇒ Umsetzung erleichtern.	Siehe Marketingziele; hier aber unterschieden nach Bereichen/Geschäftsfeldern.
	Zwischenziele einzelner Geschäftsfelder	Kontrolle ermöglichen; Umsetzung erleichtern.	Zum Beispiel Zahlen, bezogen auf monatliche oder vierteljährliche Zeiträume.
	Unterziele (Teilziele) des Marketingmix	Verknüpfung mit Marketingmix ermöglichen.	Bezogen auf konkrete Marketingmaßnahmen.

Erläuterungen
* a) ökonomische Ziele: Marktanteil, Marktposition (produktbezogen, zielgruppenbezogen, absatzwegeorientiert, geografisch beschrieben)
 b) psychografische Ziele: Image- und Bekanntheitsziele, Kundenzufriedenheitsziele usw.
** c) quantitative Ziele: Umsatz, Deckungsbeiträge, Gewinn, Kapitalverzinsung, Marktanteile, Wachstum, Kostenführerschaft
 d) qualitative Ziele: Qualitätsziele, Image, Profil, Bekanntheitsgrad, Vertrauen, Zuverlässigkeit, Kundenzufriedenheit, Kundenbindung, Motivation von Mitarbeitern usw.

Tab. 7: Basis- und Handlungsziele der drei Beispielbetriebe

Basis- und Handlungsziele	Einzelhandelsgärtner Meier	Gemüseproduzent Schmitt	GaLaBauer Müller
Mission (Leitbild)	Wir schaffen interessant gestaltete Lebensräume und Lebensqualität für unsere Kunden. Es macht uns Spaß, ihnen ein Einkaufserlebnis zu ermöglichen.	Wir wollen ökologisch und ökonomisch nachhaltig wirtschaften.	Wir sind die kreativen Gestalter von Lebensräumen! Unser Name steht für höchste Handwerkerqualität! Wir leben von zufriedenen Kunden!
Vision	Das feine Sortiment, unsere guten Ideen und die hochwertige Beratung machen uns einzigartig.	Wir arbeiten ständig daran, für unsere Kunden ein verlässlicher Partner zu sein.	Wir wollen die partnerschaftlichen Beziehungen zu unseren Kunden immer weiter ausbauen.
Corporate Identity Kommunikation nach außen	Der kreative Pflanzenspezialist.	Frisches und gesundes Gemüse – mit Sorgfalt und Rücksicht auf die natürlichen Lebensgrundlagen angebaut.	Gute Ideen und höchste Qualität!
Kommunikation nach innen	Nur hoch motivierte Mitarbeiter können überzeugend beraten. Gute Führung trägt ihren Teil dazu bei.		Unsere Mitarbeiter sind das Fundament unseres Unternehmens. Gute Führung stärkt das Unternehmen.
Oberziele	Rentabilität und Liquidität sichern unsere Arbeitsplätze. Wir wollen ständig Marktchancen aufspüren und anpassungsfähig bleiben.	Wir wollen, dass der Familienbetrieb gute wirtschaftliche Voraussetzungen für eine Übernahme durch die nachfolgende Generation bietet.	Wir wollen, dass es unserem Unternehmen gut geht. Dann geht es uns auch gut! Rentabel ist unser Unternehmen dann, wenn es eine Kapitalverzinsung von mindestens 15 % erreicht. Unser Unternehmen muss immer liquide sein!
Bereichsziele Beschaffung	Beim Einkauf legen wir Wert auf höchste Qualität! Wir schöpfen dabei alle Reserven der Kostensenkung aus.	Unser Qualitätsmanagement beginnt bereits beim Einkauf der Betriebsmittel.	Beim Einkauf legen wir Wert auf höchste Qualität! Wir schöpfen dabei alle Reserven der Kostensenkung aus.
Leistungserstellung	Spitzenleistung muss ihren Preis wert sein!	Unsere Anbauplanung und -steuerung wird fortlaufend eng mit der Erzeugerorganisation abgestimmt.	Wir nutzen alle organisatorischen Möglichkeiten, um produktiv und rentabel zu wirtschaften.
Absatz	Die Kundenbetreuung hat oberste Priorität.	Wir suchen möglichst engen Kontakt mit unseren Kunden.	Wir stehen in laufendem Kontakt mit unseren Kunden, auch nach der Erledigung eines Auftrages.
Marketingziele ökonomisch	Wir wollen in der Region die Nummer 1 sein, wenn es um pfiffige Lösungen für die Gestaltung von Wohnzimmer und Garten geht.	Wir wollen mit unserer Erzeugerorganisation ein unersetzlicher Partner für unsere Kunden sein. Die Qualität unserer Ware, das breite Sortiment sowie die hohe Lieferbereitschaft machen uns zum starken Partner.	Für wohlhabende Privathaushalte sind wir die erste Adresse in der Region. Unser Marktanteil soll hier bei über 40 % liegen.
psychografisch	Beim kreativen Gestalten mit Pflanzen denken die Zielgruppen zu allererst an uns. Wir streben eine sehr hohe Zufriedenheit unserer Kunden an und messen diese regelmäßig.	Der eigene Firmenname steht für Frische, Qualität und Zuverlässigkeit.	Bei kreativen Gartengestaltungen denken die Zielgruppen zu allererst an uns. Wir streben eine sehr hohe Zufriedenheit unserer Kunden an und messen diese regelmäßig.

Tab. 7: (Fortsetzung)

Basis- und Handlungsziele	Einzelhandelsgärtner Meier	Gemüseproduzent Schmitt	GaLaBauer Müller
Marketingziele einzelner Bereiche	Sowohl der Einzelhandel als auch die Eigenproduktion müssen rentabel sein!	Wir wollen aus Fehlern lernen und uns kontinuierlich verbessern.	Bei öffentlichen Aufträgen nehmen wir einzig höherwertige Arbeiten mit Gestaltungsinhalten an. Bei privaten Aufträgen wollen wir unserem Namen alle Ehre machen.
Zwischenziele	Wir überprüfen alle unsere Handlungsziele in mindestens vierteljährlichen Abständen.	Wir überprüfen alle unsere Handlungsziele in mindestens vierteljährlichen Abständen.	Wir überprüfen alle unsere Handlungsziele in mindestens vierteljährlichen Abständen.
Unterziele Produktpolitik Preispolitik Vertriebspolitik Kommunikationspolitik	Siehe Kapitel 5 „Marketingmix".	Siehe Kapitel 5 „Marketingmix".	Siehe Kapitel 5 „Marketingmix".

Ziel stellt dabei das Mittel für die Verwirklichung des jeweils darüber liegenden Zieles dar. Es besteht eine sehr enge Wechselbeziehung zwischen der Ziel-, der Strategie- und der Marketingmixebene.

Am Beispiel der drei Gartenbauunternehmen soll in Tabelle 7 die konkrete Anwendung der Inhalte von Tabelle 8 verdeutlicht werden.

Bei allen Überlegungen über Basis- und Handlungsziele sind grundsätzlich immer

– die Zielbeziehungsstrukturen im Auge zu behalten: Bestehen zwischen einzelnen Zielen Konflikte? Wenn ja, wie sind diese Ziele zu wichten? Gibt es Prioritäten? Auch die Frage, ob einzelne Ziele in die gleiche Richtung weisen (komplementäre Ziele) oder ob sie nicht oder wenig miteinander zu tun haben, ist zu prüfen.

– die zeitlichen Bezüge herzustellen. Nur mit deren Hilfe kann der Grad der Zielerreichung fortlaufend kontrolliert werden. Hierfür bietet sich die Unterscheidung nach kurz-, mittel- und langfristigen Zielen an.

– das Zielausmaß zu nennen und somit die Messbarkeit herzustellen (wie viel? Vergleich von SOLL und IST ermöglichen).

Es hat sich in der Praxis bewährt, wenn geeignete Mitarbeiter in die Formulierung und die Kontrolle von Marketingzielen mit eingebunden werden.

Eine Reihe von Oberzielen müssen an anderer Stelle weiter konkretisiert werden. Ein Qualitätsmanagement-Handbuch dokumentiert, wie die Basisziele angestrebt werden sollen und welche Ziele sich die Führungskräfte und die Mitarbeiter im Unternehmen gesetzt haben.

Basisziele und Handlungsziele

4.2 Marketingstrategien

Marketingstrategien stellen einen langfristigen Verhaltensplan dar, um Unternehmens- und Marketingziele zu erreichen. Sie sind das Bindeglied zwischen den Unternehmens- und Marketingzielen auf der einen Seite und den Marketinginstrumenten (Marketingmix) auf der anderen Seite. Sie dienen dazu den Weg zu beschreiben, mit dem die Ziele erreicht werden sollen (Abb. 9).

Marketingstrategien als Bindeglied

Nach KOPPELMANN (2006) geht ein Unternehmen nach dem Erkennen der Marketingsituation von einem bestimmten Status Quo (Marktsituation) aus. Mehr oder weniger präzise beschrieben, hat jedes Unternehmen gewisse Vorstellungen über einen anzustrebenden Zustand, den die Unternehmer erreichen wollen. Möglicherweise sind auch bestimmte Zwischenschritte auf

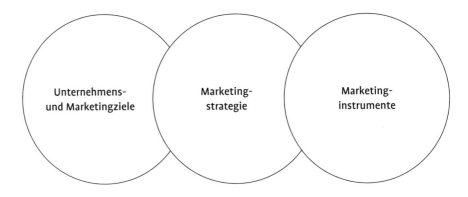

dem Weg zu diesem Zielzustand beschreiben. Die Marketingplanung trifft Festlegungen, wie der Endzustand bzw. die Zwischenzustände erreicht werden können. Dazu werden Maßnahmen geplant, insbesondere solche, mit denen man die betreffenden Märkte beeinflussen kann.

Damit die beschriebenen Maßnahmen sich gegenseitig positiv beeinflussen können, sollten sie zu Bündeln zusammengefasst werden. Eine interessante Produktgestaltung wird dabei beispielsweise mit einem interessanten Preis und einer pfiffigen Werbung kombiniert. Diese Maßnahmenbündel werden Strategien genannt. In der Literatur wird auch das Bild von Strategien als Leitplanken benutzt, die den Unternehmen dazu verhelfen sollen, auf dem angestrebten Kurs zu bleiben.

> Strategien als Klammer für verschiedene Maßnahmen sollen dabei helfen, den Einsatz der Marketinginstrumente (Marketingmix) auf die übergeordneten Ziele hin zu kanalisieren.

Die beim Erkennen der Marketingsituation herausgearbeiteten Chancen und Risiken sollen mit Hilfe der Strategien planvoll und mit System bearbeitet werden. Im Endeffekt sollen sie das Unternehmen dabei unterstützen, Erfolgspositionen aufzubauen bzw. diese zu erhalten.

Aus Gründen der Übersichtlichkeit werden die beschriebenen Ansatzpunkte für Marketingstrategien auf vier Bereiche verdichtet.

4.2.1 Marktfeldstrategien

In der Literatur werden Marktfeldstrategien auch als Produktstrategien bezeichnet. Als Ergebnis der Stärken-/Schwächenanalyse und der Chancen-/Risiko-Analyse werden mit Hilfe der Marktfeldstrategie das Leistungsprogramm des Unternehmens und die zu bearbeitenden Marktfelder festgelegt. Bei den meisten Unternehmen handelt es sich hierbei um Expansionsstrategien. Alle anderen strategischen Entscheidungen knüpfen an die Produkt-/Marktentscheidungen an, bzw. setzen diese voraus.

Es können entweder einzelne oder auch mehrere der nachfolgend aufgeführten Strategiefelder besetzt werden und zwar sowohl gleichzeitig als auch in einer bestimmten Abfolge. In wettbewerbsintensi-

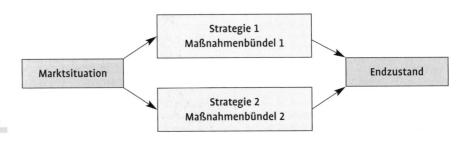

Abb. 11
Mögliche Ansatzpunkte
für Marketingstrategien.

Tab. 8: Produkt-/Marktkombinationen

Märkte / Produkte	Gegenwärtig	Neu
Gegenwärtig	Marktdurchdringung*	Marktentwicklung
Neu	Produktentwicklung	Diversifikation
* in der Literatur auch als marketing-strategische Urzelle eines Unternehmens bezeichnet (Becker 2001)		

ven Märkten wählen die meisten Unternehmen mehrere der aufgezeigten Produkt-/Marktkombinationen.

Expansionsstrategien
Tabelle 8 zeigt Entwicklungspfade für expandierende Unternehmen auf.

Strategie der Marktdurchdringung. Gegenwärtige Märkte mit den gegenwärtigen Leistungen weiter durchdringen. Das bisher nicht genutzte Potenzial des gegenwärtigen Marktes aktivieren.

Beispiel 1: Der deutsche Freilandgemüsebau konnte durch die Verfügbarkeit von relativ preiswerten Saison-AK zu Lasten von ausländischen Mitbewerbern expan-

dieren und somit Märkte besetzen. In Folge der Expansion wurden Absatzmengen und Marktanteile erhöht.

Beispiel 2: Stauden wurden lange Zeit einzig als Beetpflanzen genutzt. Durch züchterische Aktivitäten wurden ihre Verwendungseigenschaften erweitert. Eine Reihe von Stauden dient zusätzlich als Topfpflanzen. Ohne dass zunächst die Zahl der potenziellen Abnehmer gesteigert wurde, durchdrangen die entsprechenden Anbieter den (gegenwärtigen) Markt durch das Erschließen neuer Verwendungsmöglichkeiten und sorgten hierdurch für eine Expansion des Marktes.

Beispiel 3: Ohne an den angebotenen Leistungen etwas zu verändern, kann ein gärtnerischer Dienstleister allein durch einen besseren Service neue Kunden hinzugewinnen. Dieser Service kann beispielsweise in einer besseren Erreichbarkeit oder einer größeren zeitlichen Flexibilität liegen.

Beispiel 4: Durch eine Änderung der Verpackung kann ein Zierpflanzenproduzent preissensible Kunden als Neukunden hinzugewinnen, indem er beispielsweise entsprechende Pflanzen in SB-fähigen 10er Trays anbietet.

Strategie der Marktentwicklung. Mit gegenwärtigen Leistungen neue Märkte erschließen, z. B. geografisch neue Märkte, neue Marktsegmente, neue Absatzwege oder neue Abnehmer. Schätzung des Aufwands im Verhältnis zur Strategie der Marktdurchdringung: 4-fach so hoch (Weis 2004).

Beispiel 1: Auf dem bisher bearbeiteten Markt hat ein Gartenbauunternehmen eine nicht mehr ausbaufähige Marktposition erreicht. Neue Märkte müssen erschlossen werden. Viele Betriebe des GaLaBaus waren in den 90er Jahren in dieser Situation als die öffentlichen Aufträge ausblieben.

Beispiel 2: Spezialisierte, expandierende Gartenbauunternehmen versuchen geografisch neue Märkte zu erschließen.

An den Beispielen wird deutlich, dass die Übergänge zwischen der Strategie der Marktdurchdringung und der Marktentwicklung fließend sein können. Wie auch immer: Beide Strategien haben gemeinsam, dass – im Falle von gärtnerischen Produzenten – größere Herstellungsmengen und somit Kosteneinsparungen realisiert werden sollen. Im Falle von Einzelhändlern und Dienstleistern bietet sich für eine derartige Expansion die Filialisierung sowie das Franchising-Konzept an.

Strategie der Produktentwicklung. Neue Leistungen für gegenwärtige Märkte entwickeln, u. a. durch Veränderungen der Leistung und eine systematische Innovationspolitik. Schätzung des Aufwands im Verhältnis zur Strategie der Marktdurchdringung: 8-fach so hoch (Weis 2004).

Beispiel 1: Es müssen Leistungen mit einem innovativen Zusatznutzen angeboten werden. Beispiele aus dem Gartenbau sind belichtete Topfstauden für den Absatz im zeitigen Frühjahr. Auch können hier Zierpflanzen in Stämmchenform für die Verwendung in Kleingärten und auf Terrassen angeführt werden.

Beispiel 2: Ein GaLaBau-Unternehmer bietet einem gewerblichen Kunden neben den bisher für ihn erbrachten typischen Leistungen auch das komplette Gebäudemanagement an.

Beispiel 3: Ein Einzelhandelsgärtner bietet auch gärtnerische Dienstleistungen für den Privatgarten seiner Kunden an.

Strategie der Diversifikation. Aufnahme neuer (meist in direkter Verbindung mit gegenwärtigen Angeboten stehenden) Leistungen, welche auf neuen Märkten abgesetzt werden. Insbesondere in gesättigten Märkten mit hohem Konkurrenzdruck weichen Anbieter auf benachbarte oder auch weitab liegende Aktivitätsfelder aus. Dies entspricht einer Kombination aus Produkt- und Marktentwicklung. Schätzung des Aufwands im Verhältnis zur Strategie der Marktdurchdringung: 16-fach so hoch (Weis 2004).

Beispiel 1: Ein GaLaBau-Unternehmen gewinnt einen Neukunden – ein großes gewerbliches Unternehmen, welches das komplette Gebäudemanagement ausgeschrieben hatte.

Beispiel 2: Ein Einzelhandelsgärtner bietet den Kommunen in einer Region, die bislang nicht zu seinen Kunden zählten, baumpflegerische Dienstleistungen an.

Die über alle Branchen hinweg beste Expansionsstrategie scheint darin zu bestehen, neue Produkte und entsprechenden Service für bestehende Kunden anzubieten. Ein Problem dieser Produktentwicklungsstrategie sind allerdings die hohen finanziellen Vorleistungen. Eine sinnvolle Alternative dazu könnte es aber sein, existierende Produkte so umzugestalten, dass sie dann einem neuen Kundenkreis angeboten werden können. Wenn beispielsweise Cyclamen auch für junge Zielgruppen attraktiv gemacht werden oder entsprechend gestaltete Bewässerungstechnik auch für Senioren angeboten wird, kann dies eine für den Berufsstand finanzierbare Marktentwicklungsstrategie darstellen. Die Diversifikation und somit die Suche nach einem neuen Geschäftsfeld führt hingegen nach SEIDENSTICKER (2004) nur selten zu einer hohen Erfolgsquote. Neue Kundenkreise und neue Kostenarten fordern das unternehmerische Geschick heraus.

Den eigenen starken Kern ausbauen

„Unternehmen mit einem nicht ganz so überzeugend starken Kern sollten zunächst ihren Fokus ausbauen. Voraussetzung hierfür ist allerdings, dass die Unternehmen ihren starken Kern kennen" (SEIDENSTICKER 2004). Entscheidend für ein dauerhaft profitables Wachstum sei nicht die Attraktivität eines Marktes, sondern vielmehr der relative Marktanteil an diesem Markt. „Eine starke Position in einem schwachen Markt schafft auf Dauer bessere Chancen als eine schwache Position in einem starken Markt!"

Dieser Zusammenhang lässt sich anhand der Boston-Matrix erläutern, in der Leistungsangeboten eine Position zugewiesen wird. Dabei wird für die jeweilige Leistung geprüft, ob sie in einem wachsenden Markt angeboten wird und wie hoch ihr Marktanteil in diesem Markt ist. In der Literatur wird für diese Darstellungsform auch der Begriff Portfolio-Analyse verwendet.

Im Falle des rechten, unteren Vierecks in Abbildung 12 bezeichnet man derartige angebotene Leistungen auch als „Cash-Kühe". Diese sind nachhaltig erfolgreich, haben einen hohen Marktanteil erreicht und sorgen für gute Gewinne. Derartige Märkte werden „abgemolken", so lange wie es wirtschaftlich sinnvoll ist.

Im Feld oben rechts befinden sich die Stern-Produkte. Diese lukrativen Leistungen haben in stark wachsenden Märkten einen hohen Marktanteil erreicht. Dieser scheint noch weiter ausbaufähig.

Unten links sind die „Armen Hunde". Es handelt sich um Leistungen, die schon relativ lange am Markt angeboten werden und deren Umsatzanteil im Unternehmen nur noch gering ist. Die Zukunftsperspektive ist eher schlecht.

Im Feld oben links sind die mit einem Fragezeichen zu versehenden Leistungen angesiedelt. Zwar ist ein Marktwachstum festzustellen, aber es lässt sich noch nicht viel über die wirtschaftliche Attraktivität dieser Leistungen sagen. Daher muss diese zukünftig genau beobachtet werden.

Nachdem nun die Marktfelder abgesteckt sind, geht es im Folgenden darum, wie ein Gartenbauunternehmen Einfluss auf die in Frage kommenden Marktfelder ausüben kann.

Stärke geht vor Größe!

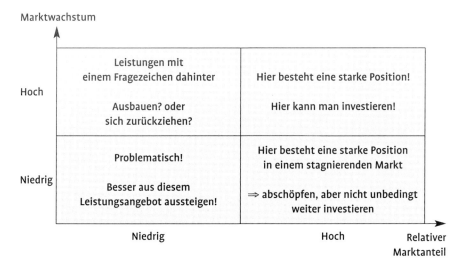

Marktwachstum

Abb. 12
Die Boston-Matrix.

	Niedrig	Hoch	Relativer Marktanteil
Hoch	Leistungen mit einem Fragezeichen dahinter — Ausbauen? oder sich zurückziehen?	Hier besteht eine starke Position! — Hier kann man investieren!	
Niedrig	Problematisch! — Besser aus diesem Leistungsangebot aussteigen!	Hier besteht eine starke Position in einem stagnierenden Markt ⇒ abschöpfen, aber nicht unbedingt weiter investieren	

4.2.2 Marktstimulierungsstrategien

Die Marktstimulierungsstrategien beinhalten Aussagen zur Art und Weise der Marktbeeinflussung (Stimulierung). Es gibt zwei grundlegende Hebel bzw. Mechanismen der Marktbeeinflussung:
- der klassische Preiswettbewerb (Preis-Mengenstrategie) und
- der Wettbewerb über die Qualität (Präferenzstrategie).

Der **Preiswettbewerb** bedient sich des Preises, um den in Frage kommenden Markt zu beeinflussen. Vor allem auf Märkten, auf denen leicht austauschbare Produkte mit Basisleistungen (Grundnutzen) gehandelt werden, kommt die Preis-Mengen-Strategie zum Einsatz. Wird beispielsweise Frischgemüse als Rohstoff für Industriegemüse ohne weiteren Zusatznutzen angeboten, wird sich dieses Angebot in erster Linie über den Preis mit den Angeboten der Mitbewerber vergleichen lassen müssen. Die Rentabilität derartiger Leistungsangebote soll über möglichst große Leistungsmengen sichergestellt werden. Daher der Begriff Preis-Mengen-Strategie.

Der **Wettbewerb über die Qualität** findet vor allem mit nicht-preislichen Mitteln statt. Er ist charakteristisch für mittlere und obere Marktschichten. Diese sind gekennzeichnet durch Leistungsangebote, die neben Basisleistungen auch Zusatzleistungen (Zusatznutzen) bieten. Somit ist in diesen Marktschichten der Preiswettbewerb in hohem Maße von einem Qualitätswettbewerb überlagert. Diese Strategie zielt auf die Schaffung von Präferenzen bei den Abnehmern.

Beispiel 1: Kann ein Anbieter von Heil- und Gewürzpflanzen seinen Abnehmern Rohstoffe mit besonderen, einzigartigen Inhaltsstoffen anbieten, stellen diese eine schwer austauschbare Zusatzleistung dar, was die Herausbildung von Präferenzen auf der Abnehmerseite begünstigt. Ein ähnlicher Effekt kann auftreten, wenn sich der Standort eines Anbieters von Frischkräutern durch relativ geringe Transportstrecken zu den Verarbeitern auszeichnet und er somit über einen schwer kopierbaren Qualitätsvorteil verfügt.

Beispiel 2: Unsere drei Beispielbetriebe richten sich strategisch an der Präferenzstrategie aus. Für Preis-Mengenstrategien sind ihre Betriebe zu klein. Sie entwickeln bewusst solche Leistungsangebote, die einen Zusatznutzen beinhalten und der von den Abnehmern auch als solcher wahrgenommen wird. So bieten sowohl der **Einzelhandelsgärtner Meier** als auch das **GaLaBau-Unternehmen Müller** kreative gestalterische Ideen in einer Qualität, wie sie im betreffenden Markt von den Mitbewerbern nicht angeboten werden. Auch die Fähigkeit, sich jeweils auf die einzelnen Kunden einzustellen und für diese maßgeschneiderte Lösungsvorschläge zu entwickeln, stellt einen derartigen Zusatznutzen dar und **Gemüseproduzent Schmitt** beschreibt seine Präferenzstrategie folgendermaßen: Zusätzlich zur Basisleistung, die in einer verabredungsgemäßen Anlieferung von sorgfältig produziertem und sortiertem Gemüse besteht, können unsere Abnehmer von einer größtmöglichen Flexibilität und Zuverlässigkeit als Zusatzleistung profitieren.

Wenn es die Wettbewerbssituation nicht erlaubt, die Preis-Mengen-Strategie einzusetzen, verbleibt als Instrument der Marktbeeinflussung einzig die Präferenzstrategie. Diese stellt die nachfolgend beschriebenen Anforderungen an die Unternehmen. Und sie erfordert das Vorhandensein von Abnehmern, welche in der Lage und willens sind, die entsprechenden Preise zu zahlen.

Marktstimulierung mit Hilfe der Präferenzstrategie

Präferenzen entwickeln sich in den Köpfen der Abnehmer und beeinflussen Kaufentscheide. Der Preis tritt im Falle der sich festigenden Präferenz als Entscheidungskriterium in den Hintergrund. Dies funktioniert zumindest dann, wenn in den Augen der Abnehmer ein konkreter Leistungsvorteil die entsprechend hohe Preisstellung rechtfertigt. Die Art und Intensität der Beziehung zwischen Anbieter und Abnehmer nimmt in dieser Hinsicht eine zentrale Rolle ein.

Wenn Leistungen in technisch-funktionaler Hinsicht mehr oder weniger identisch

Präferenzstrategie

sind, spielen alle nicht-preislichen Marketinginstrumente eine entscheidende Rolle, um Wettbewerbsvorteile zu erzielen.

Dies kann beispielsweise die unverwechselbare Produktgestaltung oder -präsentation sein. Auch die Produktphilosophie, die Servicepolitik oder die Gestaltung der Absatzwege können hierunter verstanden werden. Nicht zuletzt ist die Art und Weise, wie die Beziehungen zu den Kunden gestaltet werden ein sehr wichtiger Ansatzpunkt. Aber die Herausforderung ist gerade für Dienstleistungsunternehmen sehr groß. Nur den Ansprüchen der Kunden genügen zu können, macht ein Unternehmen durchschnittlich und somit austauschbar. Kundenerwartungen sollten wiederholt übertroffen werden.

Das heißt, dass die im Marketingmix näher zu beschreibenden Marketinginstrumente so unverwechselbar gestaltet sein müssen, dass Präferenzen für ein Produkt, eine Leistung oder eine Marke aufgebaut, erhalten und weiterentwickelt werden.

Damit wird deutlich, dass eine Vorzugsstellung eines Unternehmens, einer Leistung oder einer Marke nicht nur mit Hilfe von objektiven Produkteigenschaften erarbeitet werden kann. Häufig sind es gerade die subjektiven Vorstellungen von Abnehmern, die das Entstehen einer Präferenz ermöglichen. BECKER (2001): „Der Verbraucher richtet sich nicht danach, wie ein bestimmtes Gut ist, sondern danach, wie er glaubt dass dieses sei."

Die Präferenzbildung kann grundsätzlich dadurch erleichtert werden, dass sich Unternehmen an bestehende Einstellungen auf der Verbraucherseite anpassen. Als Beispiel sei die vergleichsweise ausgeprägte Umweltorientierung der deutschen Bevölkerung genannt. Demgegenüber ist es wesentlich aufwändiger, bestehende Einstellungen verändern zu wollen. Zum Beispiel würde die Tiefkühlindustrie viele Jahre benötigen, um den deutschen Verbrauchern deutlich zu machen, dass die Tiefkühlung keine Konservierung im herkömmlichen Sinn ist.

Ein aktuelles Beispiel sind küchenfertig angebotene Salate. Hier trifft die Industrie in Deutschland auf wesentlich kritischere Einstellungen als z. B. in England. Ein einzelnes Unternehmen ist in der Regel mit dem Versuch überfordert, gegen bestehende Einstellungen auf der Abnehmerseite argumentieren zu wollen.

Für die Herausbildung von Präferenzen ist neben den Einstellungen der Stellenwert, den ein Leistungsangebot bei den Abnehmern hat, von großer Wichtigkeit. Es muss ein grundsätzliches Interesse für ein Thema vorhanden sein. Daher besteht ein wichtiges Marketinginstrument für Gartenbauunternehmen darin, die Verbraucher regelmäßig mit interessanten Informationen, beispielsweise rund um das Thema Garten bzw. Grün in den Städten, zu konfrontieren. Ziel dabei ist es, den Stellenwert des betreffenden Themas fortwährend hoch zu halten.

Im Gartenbau kann auch der Firmenname zu einer Marke im Sinne der Präferenzstrategie aufgebaut werden. Dabei geht es darum, über die glaubhafte Kommunikation eines Leistungsvorteils ein „Gesicht in der Menge" zu bekommen. Dieser Versuch kann durch einen einprägsamen Slogan verstärkt werden.

Präferenzbildung mit dem Firmennamen als Marke

An dieser Stelle wird die enge Verbindung zwischen den hier dargestellten strategischen Überlegungen und dem hierauf basierenden Einsatz der Marketinginstrumente (Marketingmix) deutlich.

BACKHAUS (1995) stellt fest, dass ein echter Wettbewerbsvorteil aus der Präferenzstrategie nur dann entstehen kann, wenn die folgenden Voraussetzungen gegeben sind:

- es muss sich bei dem Vorteil (Zusatznutzen) um eine für den Kunden wichtige Leistungskomponente handeln,
- der Vorteil muss vom Kunden auch wahrgenommen werden,
- der Vorteil darf von den Mitbewerbern kurzfristig nicht eingeholt werden.

Orientierung an Einstellungen

Um die Stellung eines Unternehmens im Markt beschreiben zu können, werden sogenannte Positionierungsanalysen angestellt. Sie bilden die durch die (potenziellen) Kunden wahrgenommenen Kompetenzen eines Unternehmens ab. Zum Beispiel kann sich ein gartenbauliches Dienstleistungsunternehmen die Frage stellen, wie innovativ oder wie gewöhnlich die

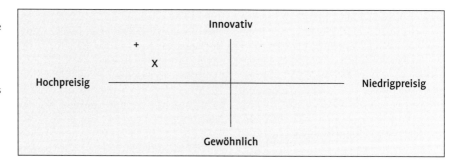

Abb. 13
Beispiel für eine einfache
Positionierungsanalyse.
X = Position der eigenen
    Firma,
+ = Position des wich-
    tigsten Mitbewerbers

eigenen Leistungen von den Kunden eingeschätzt werden. Vergleicht man die eigene Stellung mit der der Mitbewerber, kann man derartige Einschätzungen auch grafisch darstellen.

Die Abbildung 13 bildet Eigenschaftsräume ab. Diese machen einerseits das wahrgenommene Image des Unternehmens deutlich und beschreiben andererseits die unterschiedlichen Nutzenerwartungen der Kunden.

Je besser es einem Unternehmen gelingt, sich in unmittelbarer Nähe zu den kaufrelevanten Präferenzen klar definierter Zielgruppen zu positionieren, desto höher ist die Wahrscheinlichkeit des Markterfolges. Hieraus wird abermals deutlich, wie wichtig es ist, sich fortlaufend und intensiv Gedanken über die Präferenzen der Abnehmer zu machen.

Marktstimulierung mit Hilfe der Preis-Mengenstrategie

Unternehmen, die eine Preis-Mengenstrategie verfolgen, richten sich auf einen aggressiven Preiswettbewerb aus. Sie verzichten weitestgehend auf sonstige präferenzpolitische Maßnahmen. Die Beziehungen zu den Abnehmern sind in erster Linie so gestaltet, dass eine möglichst effiziente Abwicklung der Geschäftsbeziehung sichergestellt wird. Die Preis-Mengenstrategie darf nicht der Kostenführerschaft nach PORTER (1995) gleichgesetzt werden. Kostenführer wirtschaften mit niedrigeren Kosten als die Konkurrenz. Die Kostenführerschaft kann eine wichtige Voraussetzung für das Verfolgen einer Preis-Mengen-Strategie sein. Unternehmen mit Kostenführerpositionen können allerdings durchaus auch Präferenzstrategien zur Marktstimulierung wählen. Als Beispiel seien die Discounter des Lebensmitteleinzelhandels genannt.

Die Zielgruppe für nach der Preis-Mengenstrategie ausgerichtete Unternehmen sind Abnehmer, für die der Preis das ausschlaggebende Kriterium bei der Kaufentscheidung darstellt.

Untersuchungen zeigen, dass vor allem der Lebensmittel- und hier vor allem der Grundnahrungsmittelmarkt ein besonders preissensibler Markt ist, in welchem sparsames Konsumentenverhalten sich nicht nur auf Discount-Produkte konzentriert, sondern auch auf phasenweise aktionspreisvermarktete Markenartikel gerichtet ist. Der Anteil von preisorientiertem Kaufverhalten ist z. B. beim Konsum für den Haushalt, für Wohnungseinrichtungen und vor allem im Freizeitbereich deutlich niedriger.

Bei individuellen und personendominanten Leistungen, wie sie gärtnerische Einzelhändler und Dienstleister anbieten, ist der preis-mengen-orientierte Ansatz sehr kritisch zu sehen. Zumindest dann, wenn die sozio-emotionalen Ansprüche an das Angebot deutlich die rationell-sachlichen Ansprüchen überwiegen. Bei gestalterischen Maßnahmen im Garten des Privatkunden spielen Emotionen beispielsweise eine große Rolle.

Anders kann es bei dem Pflastern einer Hofeinfahrt oder der Pflege einer Außenanlage eines Gewerbebetriebes sein. Werden den Kunden bei letzteren Beispielen keine weiteren Zusatzleistungen geboten, bekommt der Preis ein sehr großes Gewicht. Bei öffentlichen Ausschreibungen von gartenbaulichen Leistungen ist der Preis in der Regel das einzig ausschlaggebende Kriterium. Somit sind bei öffentlichen Ausschreibungen in erster Linie preis-mengen-orientierte Anbieter angesprochen.

Gärtnerische Produzenten müssen sich im Allgemeinen mit einer Vielzahl an nationalen und internationalen Mitbewerbern messen. Im Jungpflanzen- und Schnittblumenbereich ist die weltweite Arbeitsteilung am weitesten fortgeschritten. Bei derartigen Produkten bietet sich ein preis-mengen-orientierter Ansatz an. Es sei denn, ein Anbieter kann Zusatzleistungen bieten, die eine klare Unterscheidung (Differenzierung) von entsprechenden konkurrierenden Angeboten möglich machen. Diese Zusatzleistungen können beispielsweise im Produkt selbst beinhaltet sein (Sorten, Frische, Verpackung usw.) und/oder auch in der Lieferpolitik (Flexibilität, Schlagkraft, Logistik).

Mit Hilfe derartiger Zusatzleistungen entwickeln sich bei den Abnehmern Präferenzen. Die Anbieter wiederum können sich auf diese Weise dem direkten preislichen Wettbewerb entziehen, verlassen somit den preis-mengen-orientierten Ansatz und verfolgen in der Konsequenz den präferenz-strategischen Weg. Wenn sich dieser letzte Ansatz mit der Position einer Kostenführerschaft verbinden lässt, erscheint er besonders erfolgsversprechend.

BECKER (2001) macht allerdings deutlich, dass in der Regel nur klare und konsequente strategische Konzepte zum Erfolg führen. Zwischen-drin-Konzepte erscheinen dagegen weniger geeignet.

4.2.3 Marktparzellierungsstrategien

Bei der Marktparzellierungsstrategie geht es um die Art und Weise, wie ein Unternehmen das Leistungsprogramm differenziert und wie es die in Frage kommenden Märkte abdeckt. Das Unternehmen konzentriert sich dadurch auf bestimmte Zielgruppen.

Bei der Frage, wie die in Frage kommenden Märkte abgedeckt werden, kann zwischen den beiden folgenden Ansätzen unterschieden werden:
- Die Gesamtmarktstrategie sieht eine vollständige Marktabdeckung vor.
- Die Marktsegmentierungsstrategie sieht nur eine teilweise Marktabdeckung vor.

Gesamtmarktstrategie

Will ein Unternehmen den Gesamtmarkt abdecken und somit Massenmarketing betreiben, wird es sich mit Standardprodukten bzw. -leistungen an den durchschnittlichen Bedürfnissen von durchschnittlichen Abnehmern orientieren. Dieser Ansatz steht in engem Zusammenhang mit der Preis-Mengenstrategie (Seite 38) bzw. der Strategie der Kostenführerschaft. Im Freilandgemüsebau Deutschlands lassen sich einzelne Beispiele für diesen Ansatz bestimmen.

Den Kosten- und Effizienzvorteilen, die mit dieser Strategie einhergehen, steht die Gefahr einer einseitigen oder mangelnden Positionierung im Markt gegenüber. Mit einer zunehmenden Differenzierung der Verbraucherwünsche steigt allerdings die Bedeutung einer stärkeren zielgruppenorientierten Marktbearbeitung und somit der Marktsegmentierung. Letztere erfordert jedoch erhebliche Anstrengungen im Bereich der Marktforschung. Das einzelne Unternehmen kann sich durch seine direkten Kundenkontakte bereits eine relativ fundierte Entscheidungsgrundlage erarbeiten. Marktsegmentierungsansätze für ganze Anbauregionen bedürfen dagegen einer zentralen Koordinierung und Finanzierung der Marktforschung.

Zusatzleistungen

Marktsegmentierung

Sollen nur bestimmte Käufergruppen mit besonders auf diese zugeschnittenen Leistungen angesprochen werden, entscheidet sich ein Unternehmen für die Marktsegmentierungsstrategie. Der Gesamtmarkt wird aufgrund von Ergebnissen der Zielgruppenforschung in voneinander abgrenzbare Teilmärkte aufgeteilt. Käufer eines Teilmarktes sind in Bezug auf Wünsche und Bedürfnisse homogener als diejenigen des Gesamtmarktes. Wünsche und Bedürfnisse können besser erfasst und gezielter bearbeitet und Präferenzen auf Kundenseite leichter aufgebaut werden.

Der Erfolg der Strategie der Marktsegmentierung im Gartenbau hängt allerdings in starkem Maße davon ab, ob überhaupt maßgebliche Unterschiede zwischen den Teilsegmenten bestehen. Darüber hinaus ist zu hinterfragen, ob diese mit

Bearbeiten von Teilmärkten

den für den Gartenbau zur Verfügung stehenden Methoden der Marktforschung auch tatsächlich ermittelt werden können. Im Nahrungsmittelbereich beispielsweise muss dies stark angezweifelt werden, da sich unterschiedliche Marktsegmente auf der Nachfrageseite mit den herkömmlichen Methoden der Marktforschung nur bedingt bestimmen lassen.

Anders ist die Situation im Bereich der Zierpflanzen und -gehölze sowie des Garten- und Landschaftsbaus. Hier ist die Bestimmung einzelner Marktsegmente mit Hilfe von sozio-demografischen, psychografischen und verhaltensbezogenen Kriterien zumindest theoretisch denkbar. Allerdings fehlte es der Branche bislang an Kapitalkraft, um geeignete Marktforschungsergebnisse für eine Marktsegmentierung zu ermitteln.

Märkte differenziert bearbeiten

Formen der Marktsegmentierung

Nischenspezialisierung. Hier konzentriert sich ein Unternehmen bzw. eine Gruppe von Unternehmen mit präzise zugeschnittenen Angeboten auf ein bestimmtes Marktsegment. In der Regel sind auf Nischen spezialisierte Unternehmen relativ klein. Sie sind in der Lage, sich im Hinblick auf die anvisierten Abnehmer spezifische Wettbewerbsvorteile zu verschaffen. Häufig haben die Mitbewerber das betreffende Marktsegment vernachlässigt.

Beispiel: Ein Garten- und Landschaftsbauunternehmen, das sich auf die Gestaltung und Pflege von Privatgärten nach Feng-Shui-Prinzipien spezialisiert hat.

Derartige Marktnischen erlauben es, sich aus dem Preisdruck auf dem Gesamtmarkt zu lösen. Allerdings ist mit der Nischenspezialisierung eine hohe Abhängigkeit vom betreffenden Segment verbunden. Stagniert die Nachfrage oder tritt ein neuer, leistungsstarker Konkurrent auf, muss diese Strategie in Frage gestellt werden.

Marktspezialisierung. Die Konzentration auf ein bestimmtes Marktsegment, dem sämtliche Produkte bzw. Leistungen angeboten werden. Der Übergang zur Nischenspezialisierung ist fließend und häufig nicht eindeutig bestimmbar.

Beispiel 1: Ein Obst- und Gemüsegroßhändler bietet Unternehmen des Lebensmitteleinzelhandels das komplette Sortiment dieser Warengruppe an und konzentriert seine Absatzbemühungen dabei einzig auf die Discountschiene.

Beispiel 2: Produktionsbetriebe beliefern schwerpunktmäßig bestimmte Einzelhandelsbetriebe, aber nicht die Discounter.

Beispiel 3: Produktionsbetriebe beliefern schwerpunktmäßig Fach-Einzelhändler.

Beispiel 4: Staudenproduzenten bieten unterschiedliche Sortimente für Wiederverkäufer aus der Fach-Einzelhandels- bzw. aus der Baumarktbranche an.

Beispiel 5: Einzelhandelsgeschäfte richten sich mit ihrem Warenangebot und gestalterischen Maßnahmen an jüngeres oder älteres Publikum.

Produktspezialisierung. Die Konzentration auf einen bestimmten Produkt- oder Leistungsbereich, der sämtlichen Kundengruppen angeboten wird.

Beispiel 1: Ein Kakteen-, Wasserpflanzen- oder auch Topfkräuterproduzent, der sein Warenangebot allen möglichen Abnehmern gegenüber öffnet.

Beispiel 2: Ein auf den Rasenbau spezialisiertes GaLaBau-Unternehmen.

Selektive Spezialisierung. Ausgewählte Marktsegmente (mehrere Nischen) werden mit gezielt zugeschnittenen Angeboten bearbeitet. Bei dieser Variante ist die Frage nach den relativ hohen Kosten für die Leistungserstellung sowie dem Absatz von besonderer Bedeutung.

Beispiel: Ein Produktionsbetrieb produziert bestimmte Produkte für ausgewählte Märkte.

Andere Leistungen (z. B. Dienstleistungen wie die Anfertigung von Werbegeschenken oder die Bepflanzung von Schalen) werden für völlig andere Märkte erbracht.

Gesamtmarktabdeckung. Es findet keine Unterscheidung nach verschiedenen Marktsegmenten statt (siehe Abb. 14).

Abbildung 15 zeigt wichtige Kriterien, an denen sich ein Unternehmen orientie-

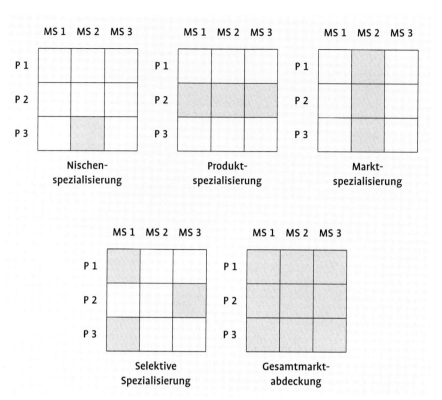

Abb. 14
Formen der Markt-
bearbeitungsstrategien
(nach Bruhn 2004).
MS = Marktsegment,
P = Produkt

ren kann, wenn es die Option der Marktsegmentierung prüft.

Meist werden die in Abbildung 15 dargestellten Kriterien in der Praxis kombiniert, um eine möglichst hohe Trennschärfe zwischen den Marktsegmenten erreichen zu können. Zum Beispiel werden die
demografischen Kriterien Einkommenshöhe, Familiengröße und Alter häufig miteinander kombiniert. Auch anhand von
Merkmalen wie Einkommen, Bildungs-
grad und Beruf beschriebene soziale
Schichten können relativ stabile und ho-
mogene Gesellschaftsgruppierungen erge-

ben. Entscheidend aber sind letztlich die
Unterschiede im Kaufverhalten und somit
die Frage, ob die gewählten Segmentie-
rungskriterien tatsächlich die Ursache für
die Unterschiede im Kaufverhalten sind.

In zahlreichen Branchen ist darüber
hinaus der sogenannte Familienlebenszyklus ein verbreitetes Instrument, um
Marktsegmente zu beschreiben. Anhand
des Alters der Familienmitglieder und des
Familienstands werden Phasen (in der Regel sind es 9) beschrieben, die Menschen in
einem Haushalt im Zeitablauf erleben. Zum
Beispiel werden junge, alleinstehende Paa-

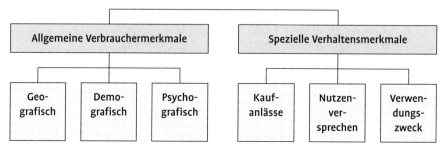

Abb. 15
Segmentierung nach
allgemeinen Verbrau-
chermerkmalen und
speziellen Verhaltens-
merkmalen.

41

re ohne Kinder (Phase 1) von solchen mit Kindern abgegrenzt (Phase 2). Das „Volle Nest" (Phase 3) wird vom „Leeren Nest" unterschieden (Phase 6). Die letzte Familienphase wird so beschrieben: Ein Ehepartner ist gestorben und der Überlebende befindet sich im Ruhestand (Phase 9).

Bei der sehr inhomogenen Gruppe der Senioren erwies sich die Segmentierung ausschließlich nach dem Alter als untauglich. Zusätzlich zu diesem Segmentierungskriterium müssen weitere Kriterien wie der Familienlebenszyklus oder auch Lebensstile zur Abgrenzung von homogenen Zielgruppen verwendet werden.

Untersuchungen haben gezeigt, dass das Kauf- und Konsumverhalten von der jeweiligen Lebensphase stark beeinflusst wird. Dies trifft insbesondere auf Gebrauchs- und Verbrauchsgüter des Konsumbereichs zu. Segmentspezifische Aussagen zum Kauf bestimmter Produktarten sind somit vergleichsweise gut.

Identische Familienlebensphase bzw. identische Lebensstile
↓
In gewissem Maße Identität hinsichtlich der hieraus ableitbaren Wünsche

---

Ein anderer Ansatz für die Abgrenzung von Marktsegmenten, die kleinräumige Regionaltypologie, geht von der Vermutung aus, dass Personen mit gleichem oder ähnlichem sozialen Status und Lebensstil in einer Nachbarschaft wohnen. Darüber hinaus wird unterstellt, dass aus dieser Gemeinsamkeit auch ein ähnliches Kaufverhalten resultiert. So ist Deutschland in 500 000 geografische Zellen eingeteilt, die durch ein typisches Kauf-, Konsum und Medienverhalten gekennzeichnet sind.

Grundsätzlich müssen bei jedem in Frage kommenden Marktsegment die derzeitigen und zukünftigen wirtschaftlichen Eigenschaften überprüft werden.

Die **aktuelle wirtschaftliche Bedeutung** eines Segments kann z. B. anhand folgender Kennzahlen überprüft werden:
- Umsatzgröße (Marktvolumen),
- Umsatzanteil (Marktanteil),
- Deckungsbeitrag.

Viele Unternehmen unterscheiden je nach Umsatzanteil oder der Höhe des mit einem Kunden erzielten Deckungsbeitrages sogenannte A-, B- und C-Kunden. A-Kunden sind dabei diejenigen mit dem höchsten Umsatzanteil bzw. Deckungsbeitrag.

Das **zukünftige Potenzial** kann mit Hilfe der folgenden Werte untersucht werden:
- Unternehmensgröße,
- Kaufhäufigkeit,
- Wiederkaufsbereitschaft,
- Entwicklungsdynamik (z. B. auch im Hinblick auf die Kundenbedürfnisse) sowie
- Empfehlungsbereitschaft der bereits gewonnenen Kunden.

Zusätzlich spielt die Tatsache eine große Rolle, inwieweit die Konkurrenz die angepeilten Segmente bereits bearbeitet.

Weis (2004) bemerkt dazu: „Um eine vollständige Marktsegmentierung zu erreichen, müssten alle relevanten Beziehungen zwischen Konsumentenverhalten, Persönlichkeitsmerkmalen, Einstellungen und Verhaltensweisen sowie die demografischen Daten erfasst werden." Sammeln Unternehmen in speziellen EDV-Programmen Informationen über die Kunden und nutzen diese systematisch für Marketingaktivitäten, wird dies als **Database-Marketing** (vgl. Begriffserklärung im Glossar, Seite 90) bezeichnet.

Sind einzelne interessante Marktsegmente auf Verbraucherseite definiert, muss sichergestellt sein, dass sich diese in ihrer Reaktion auf das Leistungsangebot und die Marketing-Maßnahmen des Unternehmens unterscheiden. Nur wenn eine solche Verhaltensrelevanz der Segmentierungsmerkmale vorliegt, ist eine an den Segmenten orientierte und entsprechend differenzierte Marktbearbeitung erfolgsversprechend.

Ohne das Einbeziehen von psychologischen und verhaltensbezogenen Kriterien erreicht eine Marktsegmentierung nicht die erforderliche Trennschärfe. Die Begründung hierfür liegt darin, dass fortlaufend Veränderungen bei Werten und Einstellungen in der Bevölkerung stattfinden. Wichtige Entwicklungen lassen sich beispielsweise mit den Begriffen Individualisierung und Pluralisierung der Lebensformen umschreiben.

Vor diesem Hintergrund kommt der **psychografischen Segmentierung** ein großer Stellenwert zu. Zielgruppen werden dabei anhand von psychologischen Kriterien definiert. Es geht darum, gleichartige, psychisch verwandte Gruppen beschreiben zu können. Kriterien sind dabei unter anderen die Lebensgewohnheiten sowie die Einstellungen und Präferenzen der Zielgruppen.

Menschen leben nach bestimmten Einstellungs- und Verhaltensmustern. Bei der Segmentierung eines Marktes **nach Lebensgewohnheiten** sind diese zu identifizieren und es ist zu prüfen, welchen Einfluss die Lebensgewohnheiten auf das Kaufverhalten ausüben. Häufig werden diese Segmente anhand von Kriterien wie Aktivitäten, Interessen und Meinungen definiert.

Gespräche mit Kunden sind eine sehr gute Gelegenheit, um mehr über derartige Merkmale zu erfahren. Entsprechende Erkenntnisse müssen systematisch erfasst werden, damit sie nicht verloren gehen. Mitarbeiter mit direktem Kundenkontakt müssen instruiert werden, um wichtige Kundenaussagen und -signale wahrzunehmen und Kundengespräche in die gewünschte Richtung zu lenken.

Es gibt etablierte Verfahren der Marktforschung, die eine Grundlage für die psychografische Marktsegmentierung legen können. Das Milieu-Konzept der Marktforschungsfirma Sinus Sociovision ist beispielsweise ein Versuch (unter anderen), die verschiedenen, in Deutschland verbreiteten Lebenswelten zu identifizieren. Anhand von 40 bis 50 Milieu-Indikatoren werden Menschen in Milieus zusammengefasst, die sich in ihrer Lebensauffassung und Lebensweise ähneln (www.sociovision.de).

Um die Trennschärfe zwischen den Segmenten mit der Hilfe von psychologischen Merkmalen zu erhöhen, ist nach BECKER (2001) der Bezug auf konkrete Produktgruppen oder Warenbereiche notwendig. Nur so ließen sich bessere Aussagen gewinnen als bei der Segmentierung auf demografischer Basis. Produkt- oder warenbereichsbezogene Typologien, die Aus-

sagen über die Präferenzen, das Preisbewusstsein oder auch die Innovationsfreude treffen, können nach BECKER brauchbare Daten für konkrete Marktsegmentierungen bzw. den segmentspezifischen Marketingmix zur Verfügung stellen.

So unterscheidet beispielsweise das Blumenbüro Holland fünf Zierpflanzen-Kundentypen:

a) Den traditionellen Blumenkavalier, der ein wichtiger Kunde für Geschenkekäufe ist.

b) Den trendorientierten Blumenfan, der ein wichtiger Kunde für Impuls-Geschenkekäufe ist. Dieser Kundentyp fordert Ideen und Aufmerksamkeit. Er muss vom Firmenkonzept begeistert sein.

c) Der eigenmotivierte Blumenfreund, der mit der Primel auf der Fensterbank altert. Dieser Typ fachsimpelt gern.

d) Die preisorientierte Blumenfreundin, die Geschenke im Fachgeschäft kauft und den Eigenverbrauch eher im Discounter deckt.

e) Der konventionell gebundene Geschenkekäufer, der beruflich stark eingebunden und relativ wenig zu Hause ist. Er bevorzugt anspruchsvolle und stilvolle Geschenke.

Um aus derartigen Typologien deutlich abgrenzbare Marktsegmente bilden und einen entsprechend spezifischen Marketingmix ableiten zu können, sind erhebliche Investitionen in Marktforschung zu tätigen.

4.2.4 Marktarealstrategien

Bei der Bestimmung der Marktarealstrategie geht es um die Festlegung des Markt- bzw. Absatzraumes des Unternehmens.

In erster Linie ist dabei der Radius der Markterschließung (lokal, regional, überregional, national, international) zu bestimmen. Die wichtigsten Einflussgrößen sind die Kunden, die Mitbewerber sowie der einschlägige Handel. Darüber hinaus spielen Kriterien wie das gesellschaftliche, wirtschaftliche und politische Umfeld sowie die Infrastruktur eine große Rolle. Die produzierenden Gärtner müssen ihre

Psychologische Kriterien

Strategieebenen	Strategiealternativen			
1. Marktfeld-strategien	Marktdurch-dringungs-strategie ☐	Markt-entwicklungs-strategie ☐	Produkt-entwicklungs-strategie ☐	Diversi-fikations-strategie ☐
2. Marktsti-mulierungs-strategien	Präferenzstrategie ☐		Preis-Mengenstrategie ☐	
3. Marktpar-zellierungs-strategien	Massenmarktstrategie ☐		Segmentierungsstrategie ☐	
4. Marktareal-strategien	Marktbearbeitung: Lokal ☐ Regional ☐ Überregional ☐ National ☐ International ☐			

Marktareale immer wieder neu bestimmen. Weltweit gibt es viele Märkte für Gartenbauprodukte, die stark wachsen.

4.2.5 Kombinationen aus den Strategien

Die strategische Grundposition

Erfolgreiche Unternehmen verstehen es, mehrere der vorgestellten Strategien so zu bündeln, dass ein Grundraster für den Strategieneinsatz entsteht. Das unternehmerische Handeln wird hiermit klar strukturiert. Es herrscht im Unternehmen selbst und bei den interessierten Außenstehenden jederzeit Klarheit über die strategische Grundposition. Anstelle einer „Zwischen-den-Stühlen-Strategie" erreicht das Unternehmen eine klare Positionierung.

5 Marketingmix zur Umsetzung der Marketingkonzeption

Nachdem die Ziele ("Wunschort") und die Strategien ("Route") bestimmt wurden, geht es an die Umsetzung. Hierfür werden „Beförderungsmittel" benötigt, die Marketinginstrumente. Diese sind zielorientiert und strategiegemäß einzusetzen. Es handelt sich dabei um einen kombinierten, inhaltlich und zeitlich aufeinander abgestimmten Mitteleinsatz. Daher der Begriff Marketingmix.

> Die geforderte Abstimmung beim Instrumenteneinsatz bewertet BECKER (2001) als eine der grundlegendsten Koordinierungsaufgaben des Unternehmens überhaupt. Die große Schwierigkeit beim ziel- und strategiegerichteten Instrumenteneinsatz besteht darin, die vielfältigen Wechselwirkungen zwischen den Instrumenten zu erkennen und zu steuern.

Abbildung 17 auf Seite 46 zeigt die vier wesentlichen Kategorien der verfügbaren Marketinginstrumente. Man unterscheidet die Produktpolitik, die Preispolitik, die Vertriebspolitik und die Kommunikationspolitik.

5.1 Produktpolitik

Die Produktpolitik beschäftigt sich mit sämtlichen Entscheidungen des Unternehmens zur Gestaltung des Leistungsprogramms.

Die drei Bereiche der Produktpolitik sind:
- **der Produktkern.** Dies ist die eigentliche technisch-funktionale Leistung. Worin besteht die Problemlösung? Sind beispielsweise auch ökologische Anforderungen erfüllt?
  Die technologischen und funktionalen Leistungen von Gartenbauprodukten- und -leistungen unterscheiden sich immer weniger. Umso wichtiger werden die zwei anderen Bereiche der Produktpolitik.
- **das Produktdesign.** Dies ist die formal-ästhetische Leistung. Hier geht es um die Produktwahrnehmung (Ästhetik) und um den Umgang mit den angebotenen Leistungen, z. B., ob es tauglich für den Gebrauch ist.
  Bei bestimmten Produkten kommt eine symbolische (soziale) Dimension hinzu: Vor allem, wenn der Konsum und Gebrauch eines (Marken)Produktes etwas über sich und den Produktnutzer aussagt. Damit kann ein Produkt ein wichtiges Bedürfnis nach Prestige aufseiten der Abnehmer befriedigen helfen. Dieser Effekt darf auch bei gartenbaulichen Leistungen in seiner Bedeutung nicht unterschätzt werden.
- Produktgestaltung: Die wichtigsten Gestaltungsmittel sind die Verpackung und die Markierung.

Die alles dominierende Maßgabe bei produktpolitischen Entscheidungen ist der kunden- bzw. zielgruppenspezifische Nutzen, den eine angebotene Leistung zu entfalten verspricht.

Den Nutzen eines Produktes kann man grundsätzlich unterteilen in
- Grundnutzen und
- Zusatznutzen.

5.1.1 Grundnutzen

Zum Grundnutzen kann beispielsweise zählen:
- die Beschaffenheit eines Produktes bzw. einer Leistung (Geschmack, Geruch, Aussehen, Inhaltsstoffe, Nährwert, Frische, Form, Bearbeitungsgrad, Portionierung, Selbstbedienungsgerechtigkeit, Menge, Ausführungsqualität einer Dienstleistung).

Abb. 17
Marketingmix.

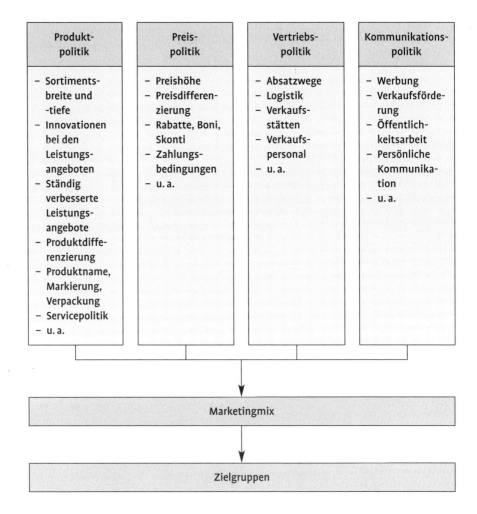

Produkt-politik	Preis-politik	Vertriebs-politik	Kommunikations-politik
– Sortiments-breite und -tiefe – Innovationen bei den Leistungs-angeboten – Ständig verbesserte Leistungs-angebote – Produktdiffe-renzierung – Produktname, Markierung, Verpackung – Servicepolitik – u. a.	– Preishöhe – Preisdifferen-zierung – Rabatte, Boni, Skonti – Zahlungs-bedingungen – u. a.	– Absatzwege – Logistik – Verkaufs-stätten – Verkaufs-personal – u. a.	– Werbung – Verkaufsförde-rung – Öffentlich-keitsarbeit – Persönliche Kommunika-tion – u. a.

Marketingmix

Zielgruppen

– die Produkteigenschaften (Haltbarkeit, Ansprüche an die Unterhaltung, Pflege usw.).
– die Verpackung,
– die Kennzeichnung (Güte- und Kontroll-zeichen, Erfüllung lebensmittelrecht-licher Anforderungen, wie die Angabe der Handelsklassen, Einhaltung von Hy-gienebestimmungen),
– die Produktinformationen.

So können beispielsweise viele Obst- und Gemüsearten durch ihre gesundheitsför-dernden Inhaltsstoffe beworben und auf-gewertet werden.

Um Präferenzstrategien zu verfolgen, sollten Produktbezeichnungen, wenn mög-lich, Emotionen auf Abnehmerseite we-cken. Gärten sind beispielsweise „paradie-

sisch", „romantisch" oder „exotisch". Der Hinweis auf werterhaltende oder werter-höhende Eigenschaften, wie „Dauerblü-her", „duftend", „winterhart", „neu" als Zusatzinformation trägt ebenfalls zur Auf-wertung der Angebote bei.

5.1.2 Zusatznutzen

Ein Zusatznutzen für eine bestimmte gar-tenbauliche Leistung kann dann bestimmt werden, wenn Klarheit über die Erwartun-gen und Bedürfnisse der Kunden(segmen-te) im Hinblick auf eine angebotene Leis-tung besteht.

Dann kann auch eine Aussage darüber getroffen werden, wie wichtig einzelne Leistungsbestandteile oder bestimmte Maßnahmen für diese Kunden sind. In der

Folge müssen die Kosten für diese Zusatzleistungen in einen Vergleich mit dem zu erwartenden Nutzen für den Kunden gebracht werden.

Welche zusätzlichen Leistungen zu echter Begeisterung führen und welche von den Kunden gar nicht gewünscht sind, ist im Vorfeld nur durch Marktforschung herauszufinden (vgl. Kap. 2). Was für den einen Kunden eine erfüllte Basisanforderung ist, kann bei einem anderen zu großer Begeisterung führen. Je nach Art der Fragestellung sollte dabei beachtet werden, dass manche Leistungen nur dadurch zu hoher Begeisterung führen, weil den Kunden diese Leistung zuvor nicht in den Sinn gekommen ist. Bei einer Kundenbefragung mit offener Fragestellung würde diese Leistung dementsprechend gar nicht genannt werden.

Das Unerwartete sollte so inszeniert werden, dass der Überraschungseffekt seine – begeisternde – Wirkung voll entfalten kann. Begeisterungsleistungen degenerieren allerdings im Zeitverlauf häufig zu Leistungen mit Grundnutzencharakter, insbesondere bei technischen Neuerungen. Gartenbauunternehmen sollten daher ein ständiges Innovationsmanagement betreiben. Dieses darf sich allerdings nicht allein mit den technisch-funktionalen Aspekten befassen, sondern muss – immer den Problemlösungsaspekt vor Augen – auch den Servicebereich beinhalten.

Die Grundorientierung unternehmerischen Handelns besteht nicht so sehr in der Schaffung von „technischen" Produkten oder Leistungen, sondern in erster Linie in der Lösung von Kundenproblemen (= Problemlösungsorientierung der Produktgestaltung). Kunden kaufen beispielsweise eigentlich keinen Staubsauger an sich, sondern wollen eine saubere Wohnung.

BECKER (2001) unterscheidet zwei grundlegende Ansatzpunkte für die Orientierung an der Problemlösung:
- Problemlösungen vereinfachen (Entkomplizierung),
- Problemlösung vervollständigen (Komplettierung).

Der Autor nennt als weiteren Ansatzpunkt, Kundenmehrwert zu schaffen.

Beispiele aus dem Produktionsgartenbau
- Die Nahrungsmittelzubereitung durch Convenience-Gemüse entkomplizieren (Tiefkühl- oder küchenfertiges Gemüse usw.).
- Kundenmehrwert schaffen durch das Anknüpfen an die gestiegenen Gesundheitsansprüche. Beim Bewerben des gesundheitlichen Wertes von Obst und Frischgemüse sollte allerdings die Genusskomponente nicht vernachlässigt werden.
- Durch Variationen im Angebot Problemlösungen komplettieren und Kundenmehrwert schaffen. Dabei auf das Bedürfnis der Kunden nach Abwechslung, nach immer wieder Neuem und nach Überraschungen im Sortiment eingehen.
- Kundenmehrwert schaffen durch die Berücksichtigung der ökologischen Folgen des eigenen Wirtschaftens, beispielsweise durch eine entsprechende Verpackungsgestaltung. Filialisierte Lebensmittelhändler, z. B. die englische Tesco oder die schweizerische Migros, fordern von ihren Zierpflanzenlieferanten in verstärktem Maße entsprechende Zertifikate. Dazu gehören z. B. Systeme wie MPS-GAP oder MPS-Socially Qualified, die eine umweltfreundliche und in sozialer Hinsicht akzeptable Produktionsweise dokumentieren.
- Kundenmehrwert schaffen durch die Nutzung von Nostalgie- oder „Heile-Welt"-Ansätzen.
- Kundenmehrwert schaffen durch Bonusprogramme.

Beispiele im Dienstleistungsgartenbau
- Problemlösungen komplettieren durch das zusätzliche Angebot von Dienstleistungen, die dem gestiegenen Sicherheitsbedürfnis der Kunden entgegen kommen (Sichtschutz, Zäune, Licht im Garten usw.).
- Kundenmehrwert schaffen durch die betont ökologische Ausrichtung der erbrachten Leistungen. Dies kann z. B. beim Materialeinsatz oder durch den Einsatz von Bio-Diesel geschehen.
- Problemlösungen entkomplizieren und komplettieren durch das Angebot von

Beispiele für Zusatznutzen

Phases im Lebens-
zyklus

umfassenden Problemlösungen. Als Beispiel sei das komplette Facility Management in Kooperation mit anderen Branchen genannt.

- Problemlösungen entkomplizieren und komplettieren durch das Angebot von Gesamtlösungen bei der Bewässerung. Dies kann beispielsweise durch Hilfen bei der Bestellung, der Lieferung, der Montage und der Wartung geschehen.
- Problemlösungen entkomplizieren durch Anwendungserleichterungen, z.B. im Umgang mit Pflanzen, Technik, Geräten.
- Kundenmehrwert schaffen durch Nostalgie- oder „Heile-Welt"-Ansätze. Dies kann beispielsweise geschehen durch die Verwendung bestimmter Materialien sowie den Verkauf bestimmter Dekoartikel.

Bewusst in dieser Weise gestaltete Mehrwert-Angebote sollen einen Beitrag zur Erreichung der Ober- und Marketingziele leisten, beispielsweise dadurch, dass Preisspielräume nach oben eröffnet werden.

> Wichtige Marktsegmente müssen regelmäßig daraufhin untersucht werden, wie und womit die Entkomplizierung, Komplettierung und der Kundenmehrwert konkret realisiert und kommuniziert werden können.

Reicht einem Neukunden bereits der gute Ruf eines Unternehmens, um dessen Leistungen in Anspruch zu nehmen, so kann ein Bestandskunde andere Maßstäbe anlegen, um die Qualität einer Leistungserstellung zu beurteilen und einem Unternehmen treu zu bleiben.

5.1.3 Produktlebenszyklus

Ideengewinnung
fördern

Der Produktlebenszyklus beschreibt, wie sich ein Produkt oder eine Produktgruppe im Verlauf der Marktpräsenz in wirtschaftlicher Hinsicht entwickelt. Üblicherweise geschieht dies in Form von Phasen.

Wird ein Produkt am Markt neu eingeführt, sind Anfangsinvestitionen, vor allem für Produktentwicklung sowie Werbung, notwendig, denen noch keine Umsätze gegenüberstehen. Daher ist der Gewinn in

dieser Phase negativ. In der Wachstumsphase erhöhen sich der Bekanntheitsgrad und die Umsätze. Die Gewinnzone wird meist in dieser Phase erreicht. In der Reifephase steigen die Umsätze weiter, wobei sich die Wachstumsrate zunehmend verringert. Der Gewinn sinkt und die Wirkung der Marketinginstrumente wird zunehmend schwächer. Das Marktpotenzial ist ausgeschöpft, der betreffende Markt ist gesättigt. In der Phase des Rückgangs sinkt der Umsatz stark. Auch der Gewinn ist weiter rückläufig (siehe Abb. 18).

Für den Gartenbauunternehmer stellt sich die Frage, in welcher Phase des Lebenszyklus die jeweiligen Produkte und Leistungen anzusiedeln sind, vor allem wenn diese bereits seit vielen Jahren bzw. Jahrzehnten angeboten werden. Auch wenn diese Frage nicht immer einfach zu beurteilen ist, ist die systematische Beschäftigung mit dem Produktlebenszyklus eine wichtige Hilfe für eine erfolgreiche Produktpolitik.

Vor allem geht es um die Klarheit darüber, welche Produkte bzw. Leistungen in Zukunft stärker nachgefragt werden. Wo stehen diese aktuell im Lebenszyklus? Welche Produkte werden in Zukunft weniger stark nachgefragt werden? Welches sind interessante Zusatzprodukte?

5.1.4 Innovationen

Beschäftigt sich das Unternehmen mit der Zukunftsfähigkeit der eigenen Produkte und Leistungen, muss auch das eigene Herangehen an Innovationen überprüft werden.

Üblicherweise unterscheidet man dabei verschiedene Stufen:
a) Ideenentwicklung,
b) Bewertung der Ideen,
c) Konkretisierung der Ideen durch Produktspezifikationen.

Gartenbauunternehmer müssen sich fragen, ob sie alles getan haben, um die Entwicklung von Produktideen zu fördern. Sind beispielsweise die Mitarbeiter mit Hilfe geeigneter Methoden eingebunden?

Will man zukunftsfähige Produkte und Leistungen kreieren, müssen diese auf

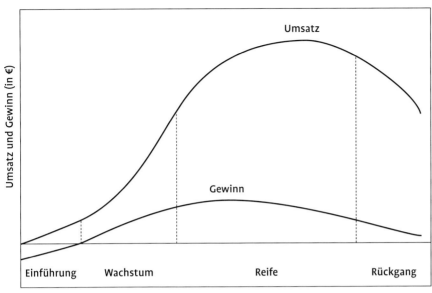

Abb. 18
Produktlebenszyklus
(nach Kotler und Bliemel
1999).

die – sich laufend verändernden – Verbraucherwünsche ausgerichtet sein. Dänische Topfpflanzenbauer schließen sich beispielsweise für diesen Zweck zusammen. Damit können sie die notwendigen Finanzmittel aufbringen und Marktforscher bezahlen, die sich mit den Lebensgewohnheiten von Verbrauchern befassen. Erzeugerzusammenschlüsse wie Group Unique oder Living Colours gewinnen hierdurch wichtige Informationen für ihre Produktpolitik.

5.1.5 Strategien der Sortimentsgestaltung

Die Strategien der Sortimentsgestaltung bestehen für alle Gartenbauunternehmen in der Festlegung der Sortimentstiefe und Sortimentsbreite. In einem weiteren Abschnitt wird auf die Besonderheiten von Einzelhandelsgärtnereien und Dienstleistungsanbietern eingegangen.

Sortimentstiefe und Sortimentsbreite

Das Leistungsangebot eines Gartenbauunternehmens kann anhand
- der Sortimentsbreite und
- der Sortimentstiefe beschrieben werden.

Sortimentsbreite

Ein Gartenbauunternehmen mit einer großen Sortimentsbreite bietet viele verschiedene Produkte bzw. Leistungen an. Ein typisches Beispiel ist eine Einzelhandelsgärtnerei, die traditionell sowohl Pflanzen produziert, diese über den eigenen Einzelhandel verkauft und darüber hinaus auch noch gärtnerische Dienstleistungen anbietet.

Sortimentstiefe

Ein Gartenbauunternehmen mit einer großen Sortimentstiefe bietet Produkte bzw. Leistungen in mehreren Versionen an. Dies können Ausführungsarten oder auch Marken sein. Beispielsweise kann ein Gartencenter gleichartige Zubehörartikel von verschiedenen Herstellern verkaufen. Ein Garten- und Landschaftsbaubetrieb bietet die Pflege in verschiedenen Intensitätsstufen an.

Grundsätzlich hat ein Unternehmen die Auswahl aus vier Möglichkeiten der Sortimentsgestaltung, siehe Tabelle 9.

Die Diversifikation (vgl. Tab. 10) entsteht durch eine Erhöhung der Sortimentsbreite. Ein Unternehmen befasst sich demnach mit der Aufnahme von neuen Produkten bzw. Leistungen in das Sortiment.

Sortimentsgestaltung

Tab. 9: Möglichkeiten der Sortimentsgestaltung

Sortimentsbreite / Sortimentstiefe	Geringe Sortimentsbreite	Große Sortimentsbreite
Geringe Sortimentstiefe	Wenige Produkte in wenigen Versionen	Viele Produkte in wenigen Versionen
Große Sortimentstiefe	Wenige Produkte in vielen Versionen	Viele Produkte in vielen Versionen

Tab. 10: Veränderungen des Sortiments

Sortimentsgestaltung	Erhöhung	Verringerung
Sortimentsbreite	Diversifikation	Gattungsspezialisierung
Sortimentstiefe	Produktdifferenzierung	Spezialisierung

Im Kapitel 4.2 (Marketingstrategien) wurde die Produkt-Markt-Matrix vorgestellt. Wird die neu in das Sortiment aufgenommene Leistung für einen bereits bestehenden Markt aufgenommen, spricht man von Produktentwicklung. Von Diversifikation spricht man demzufolge erst dann, wenn das neue Produkt auf neuen Märkten angeboten werden soll.

Wenn beispielsweise eine Einzelhandelsgärtnerei gärtnerische Dienstleistungen neu in das Leistungsprogramm aufnimmt und dabei die bestehende, bisher vor allem über den Einzelhandel gewonnene Kundschaft anspricht, dann handelt es sich um Produktentwicklung. Beteiligt sich diese Gärtnerei allerdings erstmalig an öffentlichen Ausschreibungen, z. B. für die Bepflanzung mit Wechselflor, so handelt es sich um Diversifikation (ein neues Produkt für einen neuen Markt).

Die Produktentwicklung ist gerade im gärtnerischen Einzelhandel ein immer wiederkehrendes Thema. Soll man beispielsweise neben Gemüse auch Zierpflanzen anbieten? Sollen Saisonartikel oder Spezialitäten in das Sortiment? Die Vorteile, die Sortimentsbreite zu vergrößern, liegen für die Bestandskunden auf der Hand. Das Angebot wird attraktiver. Möglicherweise kann hiermit z. B. der Umsatz pro eingesetzter Verkaufskraft erhöht werden.

Es wird aber auch deutlich, dass es Grenzen bei der Erhöhung der Sortimentsbreite und -tiefe gibt. Um die Produktentwicklung und die Diversifikation im Einzelfall zu beurteilen, müssen die wahren Umsatzträger und somit die stabilisierenden Grundpfeiler im Sortiment bestimmt werden. Wie hoch ist die zu erwartende Umschlagshäufigkeit möglicher neuer Sortimentsbestandteile? Wie hoch ist der Beschaffungsaufwand? Wie hoch ist der Lagerraumbedarf? Dienen sie dazu, die Beziehungen zu den Kunden zu intensivieren? Helfen sie dabei, das angestrebte Profil zu schärfen?

Die Sortimentsbreite zu verringern, bewirkt eine Spezialisierung auf verbleibende Sortimentsbestandteile. Im Produktions- und Dienstleistungsgartenbau lassen sich viele Beispiele für auf einzelne Gattungen spezialisierte Unternehmen finden – z. B. gärtnerische Produktionsbetriebe, die im Extremfall nur eine einzelne Kultur anbauen oder Sportplatzbauer, die ausschließlich Dienstleistungen für Sportstättenbetreiber anbieten.

Die Produktdifferenzierung befasst sich mit der Sortimentstiefe. Mit dem parallelen Angebot mehrerer Produktvarianten kann ein Unternehmen die Bedürfnisse unterschiedlicher Zielgruppen zu berücksichtigen versuchen. Dabei werden einzelne Elemente eines eingeführten Produkts verändert, das neue Produkt wird dann zusätzlich zum bestehenden Programm angeboten.

Ein direktvermarktender Gemüsebaubetrieb kann beispielsweise seine Sortimentstiefe bei Salatarten erhöhen, indem er innerhalb der Warengruppe der Blattsalate die Palette der bislang angebotenen Arten erhöht. Möglicherweise möchte der Betrieb mit der vergrößerten Sortimentstiefe neue, bislang noch nicht erschlossene Zielgruppen wie Migrantenhaushalte gewinnen.

Ein Zierpflanzenproduktionsbetrieb bietet einem Kunden des Lebensmitteleinzelhandels den Zusatznutzen an, die gelieferten Topfpflanzen mit dem Endverbraucherpreis auszuzeichnen.

Ein Garten- und Landschaftsbaubetrieb bietet einer bestimmten Klientel die – bezahlte – Anfertigung von Pflanz- und Pflegeplänen an.

Bei derartigen Überlegungen zur Produktdifferenzierung müssen die Nutzenwahrnehmung und die Preisbereitschaft der Zielgruppen im Vordergrund stehen. Zusätzlich entstehende Kosten müssen von den Zielgruppen bezahlt werden.

Die ABC-Analyse gibt Auskunft, welche Sortimentsbestandteile zu wie viel Prozent zum Umsatz eines Unternehmens beitragen. Produkte der Kategorie A erwirtschaften in der Praxis rund 50 bis 60 % des Gesamtumsatzes. B- und C-Produkte entsprechend weniger. Weitere Kennziffern zur Beurteilung einzelner Sortimentsbestandteile sind der Break-Even-Punkt eines Artikels sowie der zu erreichende Mindestumsatz mit diesem Artikel. Eine andere verbreitete Größe ist der Deckungsbeitrag in Prozent vom Umsatz.

Die Verringerung der Sortimentstiefe bewirkt eine Spezialisierung, während die Verringerung der Sortimentsbreite zur Gattungsspezialisierung führt.

Neben der Spezialisierung auf Produkte bzw. Dienstleistungen gibt es auch die Möglichkeit, sich auf bestimmte Zielgruppen zu spezialisieren (vgl. „Marktsegmentierung", Seite 39). Eine weitere Form der Spezialisierung besteht in der Konzentration auf sogenannte strategische Erfolgsfaktoren, wie die Qualität der erbrachten Leistungen, die Schnelligkeit der Ausführung oder eine besonders ausgeprägte Kundennähe.

Nahe verwandt mit der letzten Form der Spezialisierung ist die Vorgehensweise mancher Unternehmen, sich auf entscheidende Motive des Kaufverhaltens von Kunden zu konzentrieren. Der Fokus liegt auf bestimmten Problemen, die diese mit einer hierauf zugeschnittenen Produktpolitik besser als die Mitbewerber zu lösen versuchen.

Die Discounter des Lebensmitteleinzelhandels beispielsweise erkannten, dass viele Verbraucher in herkömmlichen Supermärkten aufgrund der Fülle des Warenangebotes bei der Produktauswahl überfordert waren. Dieses Problem lösten die Discounter durch Verringerung sowohl der Sortimentsbreite als auch der Sortimentstiefe. Sie erreichten mit diesem Konzept einen strategischen Erfolgsfaktor und spezialisierten sich dabei gleichzeitig auf eine bestimmte Zielgruppe.

Eigenproduktion in Einzelhandelsgärtnereien – Pro und Contra
Grundsätze

– Der Verkauf hat absoluten Vorrang. Die Eigenproduktion darf nicht davon ablenken!   ABC-Analyse

– Die Qualität der angebotenen Ware ist im Fachhandel das entscheidende Merkmal, sich von den Mitbewerbern zu unterscheiden!

Daher muss jeder Einzelhandelsgärtner die folgenden Fragen selbstkritisch beantworten: Fragen zur Eigenproduktion

– Kann ich durch die Eigenproduktion mein Image als Anbieter von Top-Qualität verstärken?

– Erziele ich entsprechend gute Preise für meine Spitzenware?

– In welchem Zustand sind meine Glasflächen und deren Ausstattung?

– Wie viel Arbeitskapazität habe ich im März und April in der Produktion? ⇒ Komme ich zum rechtzeitigen Rücken bzw. anderen wichtigen Kulturarbeiten? ⇒ Ist eine Entzerrung der Arbeitsspitzen notwendig, z. B. durch ein früheres Topfen oder durch den Bezug von Rohware?

- Habe ich mir bewusst gemacht, dass ich durch eine bessere Flächenauslastung eine Senkung der Gemeinkosten pro Tagesquadratmeter erreiche?
- Kann ich die Kosten für das Ausgangsmaterial noch senken (z. B. durch Eigenvermehrung oder durch den früheren Bezug)?
- Hilft die Eigenproduktion, meine Liquidität zu stärken?

Erfahrungswerte im Hinblick auf die selbst zu produzierenden Kulturen:
- Die Auswahl ist vom Vor- und Nachanbauprogramm abhängig zu machen.
- Die Kulturen, die man gut und sicher verkaufen kann, sollte man besser selbst produzieren!
- Den Beginn und das Ende der Saison sollte man besser durch Zukauf abdecken!
- Es sollten die Kulturen selbst angebaut werden, die stückzahlmäßig bedeutsam sind, aber zu teuer oder in zu schlechter Qualität zugekauft werden können!

Besonderheiten von Dienstleistungen

Dienstleistungen kann man nicht auf Vorrat produzieren. Aufgrund von Schwankungen bei den Auftragseingängen hat ein Dienstleistungsunternehmen grundsätzlich das Problem, die vorzuhaltenden Kapazitäten festzulegen. Außerdem eignen sich Dienstleistungen nur begrenzt, anhand von Bildern veranschaulicht und präsentiert werden zu können.

Dies kann beispielsweise zu einer größeren Kaufunsicherheit im Vergleich zu Sachgütern führen. Vergleichsmöglichkeiten zwischen verschiedenen Angeboten sind häufig nur unzureichend gegeben. Kaufentscheidungen orientieren sich daher bei Dienstleistungen häufig an einfacher wahrnehmbaren Elementen des Leistungspotenzials von Anbietern. So wirken z. B. die Preise oft als Qualitätsindikator. Diese geschilderten Besonderheiten hängen mit der Immaterialität (Nichtgreifbarkeit) von Dienstleistungen zusammen.

Umso wichtiger sind vertrauensbildende Maßnahmen vonseiten der Anbieter. Gerade bei Erstkunden muss das gefühlte Kaufrisiko gesenkt werden. Das Leistungs- und Qualitätsimage muss im Bewusstsein der Nachfrager verankert werden.

BIEBERSTEIN (1995): „Alle Elemente einer Dienstleistung werden vom Kunden als Ganzes wahrgenommen, sodass etwaige Schwachstellen in einer Dienstleistungsphase sein Gesamturteil überproportional beeinflussen können. Ein einziger unfreundlicher Mitarbeiter kann einen Kunden so verärgern, dass die ansonsten guten Leistungen des Dienstleistungsbetriebes nicht mehr entsprechend bewertet werden."

Die Qualitätsansprüche von Abnehmern lassen sich an drei Merkmalen ablesen:
- **dem Leistungspotenzial** (Standort, Gebäude, Personal, technische Ausstattung, zeitliche Leistungsbereitschaft, Sortiment, Form der Angebotsabgabe). Da der Erstkunde andere Qualitätsindikatoren (noch) nicht kennt, greift er gerade auf diese Beurteilungskriterien zurück.
- **dem eigentlichen Erstellungsprozess** (Ablauforganisation, Leistungswille, Freundlichkeit, Intensität der Integration des Kunden z. B. durch Beratung, Informationsweitergabe, Betreuung, Einfühlungsvermögen).
- **dem Ergebnis der Dienstleistung** (Sachleistungen, Serviceleistungen, Qualität der Beseitigung von Mängeln, Schnelligkeit der Beseitigung von Mängeln, Zuverlässigkeit).

Kunden können die Qualität der erbrachten Dienstleistung häufig kaum oder gar nicht bewerten. Umso wichtiger ist es als vertrauensbildende Maßnahme, den Kunden in die Qualitätskontrolle mit einzubeziehen. Auch die Echtheit im Verhalten des Personals verhilft zu mehr Glaubwürdigkeit.

Entspricht eine einzige Komponente nicht den Qualitätserwartungen des Kunden, kann das gesamte Angebot für ihn nicht mehr akzeptabel sein.

Auswertungen von Kundenbeschwerden zeigten, dass Dienstleistungskunden in den Erstellungsprozess integriert werden wollen und viel Wert auf die Hilfsbereitschaft und das Einfühlungsvermögen des Servicepersonals legen.

In der Wahrnehmung des Kunden spielt auch die Zuverlässigkeit eine große Rolle. Die versprochene Leistung muss verlässlich und präzise erbracht werden. Kunden bringen in der Regel Verständnis dafür auf, wenn manche Wünsche nicht erfüllt werden können. Das Bemühen um die Zufriedenstellung muss jedoch für sie erkennbar sein und die Gründe für die Nichterfüllung müssen vermittelt werden.

Bereits der Zeitpunkt der Kontaktaufnahme mit einer Dienstleistungsfirma ist für einen Kunden von großer Bedeutung. Treten hier Schwierigkeiten auf, wertet der Kunde dies als ein Anzeichen für eine geringe Bereitschaft und Fähigkeit des Unternehmens, spezifische Kundenwünsche erfüllen zu können. Muss ein Kunde lange am Telefon warten, bis der richtige Ansprechpartner gefunden werden konnte oder weil die Leitung unterbrochen wurde, kann dies die Beziehung zum Unternehmen belasten.

Begegnet ein Kunde im weiteren Verlauf der Geschäftsbeziehung einem Firmenvertreter mit einem unzureichenden Informationsstand, einem geringen Entscheidungsspielraum und/oder geringer Entscheidungskompetenz, ist die Wahrnehmung durch den Kunden negativ geprägt.

Die Verlässlichkeit einer Firma beeinflusst die Kundenmeinung nachhaltig. Wie lange ist die Erledigungsdauer zwischen der Formulierung und der Erfüllung des Kundenwunsches? Wie vollständig und richtig erfolgte die Ausführung? Gerade bei Dienstleistungen spielt das Eingehen auf die individuellen Kundenwünsche eine sehr große Rolle.

Bereits bei der Spezifizierung der zu erbringenden Dienstleistung, das heißt bei der Problemdiagnose, können Kunden mit einbezogen werden. Kunden möchten sich als Co-Produzenten fühlen und in die Qualitätskontrolle einbezogen werden. Dies sorgt für Transparenz. Der Kunde fühlt sich in seinem Bedürfnis nach Risikoreduzierung ernst genommen. Aus derartigen Beobachtungen formt sich beim Kunden ein Bild von der Qualität einer Dienstleistung und der Zuverlässigkeit eines Unternehmens.

5.1.6 Die Servicepolitik als Differenzierungsmöglichkeit

Zu unterscheiden sind
– Serviceleistungen für Wiederverkäufer und
– Serviceleistungen für Endverbraucher.

Mit Hilfe der Servicepolitik sollen Präferenzen bei den Abnehmern aufgebaut und somit der Absatz der Kernleistung gefördert werden.

Tab. 11: Übersicht über die Arten von Serviceleistungen

Art des Kundenservice	Vor der Nutzung	Während der Nutzung	Nach der Nutzung
Technische Leistungen	Technische Beratung Erarbeitung von Projektlösungen Abbau alter Bauwerke	Technische Einweisung Installation Reparaturen/Wartung Sicherheitsberatung Hotline-Service	Umbauarbeiten Erweiterungen Abbau und Entsorgung Beratungsleistungen
Kaufmännische Leistungen	Kaufmännische Beratung (Wirtschaftlichkeit) Bestelldienst Testlieferung	Schriftliche Anleitung Anwenderschulung Laufende Information Ersatzteilversorgung Ersatzgeräte	Beschwerdemanagement Telefon-/Online-Hilfe Infos und Beratung über Neuentwicklungen

Service kann als Zusatz zur Kernleistung, vor, während oder nach der Inanspruchnahme der Kernleistung geleistet werden.

Bei der Planung der Servicepolitik muss entschieden werden, welche Serviceleistungen das Unternehmen wann, welchen Zielgruppen und zu welchem Preis anbietet. Dabei ist zu beachten, dass die Abnehmer die angebotenen Serviceleistungen möglichst als eine Einheit wahrnehmen (Aufbau von Serviceketten).

Von besonders großer Bedeutung sind Garantien. Durch Garantieversprechen erhält der Kunde die Sicherheit, dass er einen entstandenen Schaden zumindest teilweise ersetzt bekommt. Somit übernimmt der Leistungsanbieter einen Teil des Risikos, das für den Kunden durch eine mögliche schlechte Qualität der erbrachten Leistung besteht. Gleichzeitig macht der Anbieter durch die Abgabe eines Garantieversprechens deutlich, dass er sich der Qualität seines Angebotes sicher ist.

Garantieversprechen müssen großzügig sein und möglichst schnell eingehalten werden, wenn man bei den Kunden die gewünschten Effekte erzielen will. Erlebt ein Kunde bei seiner berechtigten Garantieforderung eine Enttäuschung, so bewirkt diese Maßnahme genau das Gegenteil von dem, was angestrebt wurde. Die Behandlung einer Garantieforderung muss deshalb in die Beschwerdepolitik eines Unternehmens integriert sein.

5.1.7 Beschwerdepolitik

Durch den geplanten und bewusst gestalteten Umgang mit Kundenbeschwerden soll versucht werden, die Kundenzufriedenheit wiederherzustellen und somit negative Auswirkungen eines Vorfalles so weit als möglich zu verringern. Eine erfolgreiche Beschwerdepolitik trägt im positiven Sinne zur Imagebildung bei und liefert gleichzeitig wichtige Informationen für die Qualitätskontrolle.

Der angestrebte Ablauf eines erfolgreich bearbeiteten Beschwerdevorganges könnte aussehen, wie in Abbildung 19 dargestellt.

Unzufriedenheiten mit einem Leistungsangebot treten nach den Erkenntnissen von Zufriedenheitsforschern immer dann auf, wenn erhebliche Abweichungen zwischen der Qualitätserwartung und der tatsächlich wahrgenommenen Qualität bestehen.

Hinweise von Kunden auf Schwächen im eigenen Angebot sind von großem Wert. Sie werden in der Regel kundgetan, um Wiedergutmachungen für Beeinträchtigungen zu erreichen. Man kann Kunden aber auch dazu stimulieren, entsprechende Hinweise zu geben, beispielsweise, indem man diesen den Zugang zu einer geeigneten Anlaufstelle im Unternehmen so leicht als möglich macht. Eigene Leistungsangebote können so laufend verbessert und das stille Verabschieden von unzufriedenen Kunden aus der Beziehung mit dem Unternehmen unterbunden werden.

Abb. 19
Erfolgreich Beschwerden managen.

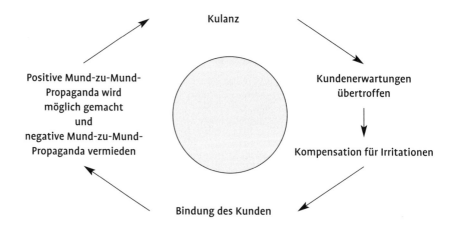

5.1.8 Marken

Marken ermöglichen es, die Produkte unternehmensspezifisch zu kennzeichnen. Sie schaffen damit eine der wichtigsten Voraussetzungen für eine markt- bzw. zielgruppenspezifische Image- und Präferenzbildung.

Mit Marken können Produkte oder Dienstleistungen unterscheidbar gemacht werden und sich von anonymen Massenprodukten abheben. Marken fungieren als Imageträger. Sie können einem Produkt eine Persönlichkeit geben. Sie kommunizieren den Abnehmern bestimmte, im Idealfall sehr klare Botschaften (Leistungsversprechen).

Markenartikel sind durch folgende Kriterien gekennzeichnet (BIEBERSTEIN 1995):
- markierte Leistungen,
- gleichbleibende bzw. verbesserte Qualität,
- unverwechselbares, einheitliches Erscheinungsbild,
- hoher Bekanntheitsgrad,
- hohe emotionale Bindung des Kunden zur Marke,
- gleichbleibende Verrichtungsart,
- größerer Absatzraum,
- relativ konstantes und einheitliches Preisniveau.

> Eine Marke kann vergleichbare Leistungen verschiedener Anbieter durch eine prägnante Namenswahl oder aufmerksamkeitswirksame Kennzeichnung unterscheidbar machen. Nachfrager erkennen ein Leistungsangebot leichter wieder. Das im Markennamen verankerte (positive) Qualitätsimage wirkt beim Kaufentscheid risikoreduzierend.

Des Weiteren soll die Marke beim Abnehmer Präferenzen erzeugen und eine Bindung an diese Marke aufbauen. Marken können einen Zusatznutzen in Form eines Prestigevorteils ermöglichen. Eine Marke ist ein visuelles Kommunikationsmittel, das aufgrund seines Bekanntheitsgrades und Images zum Aufbau einer Corporate Identity (vgl. Begriffserklärung im Glossar, Seite 90) beitragen kann.

Allerdings sind im Vorfeld intensive kommunikative Aktivitäten (und häufig große Geldsummen) notwendig. Daher sind Marken in der Regel erst ab einer gewissen Marktgröße bzw. ab einem bestimmten Absatzvolumen ökonomisch sinnvoll.

Versuche, Marken für Gartenbauprodukte einzuführen, sind vor allem im Topfpflanzenbereich Hollands und Dänemarks bekannt. In Dänemark strebt man, z.B. bei Topfrosen eine Produktdifferenzierung über Marken wie „Rosa Nova" an.

Probleme verursachen hierbei allerdings die Qualitätsschwankungen der Topfpflanzen sowie die Unkenntnis der Verbraucher im sachgerechten Umgang mit den Pflanzen. Hinzu kommt der verhältnismäßig große finanzielle Aufwand für die Etablierung einer Marke. Daher sind es vor allem Zusammenschlüsse von Erzeugern, die Marken im Topfpflanzenbereich zu etablieren versuchen.

Meist können einzelne Leistungsangebote im Gartenbau nicht als Marke herausgestellt werden. Daher übernehmen verbreitet Firmennamen die Rolle des Markennamens. Diese sollen die angebotenen Leistungen identifizieren, symbolisieren und versprachlichen helfen. Der Firmenname wird somit zum Synonym für ein bestimmtes Kompetenzfeld, das ein Gartenbauunternehmen anzubieten hat.

Besonders verbreitet sind Wort-Bildmarken. Aus Gründen der Differenzierung („Alleinstellung") wird dabei neben einem verbalen Markennamen ein typisches, unverwechselbares Bildsymbol verwendet.

Beispiele

Produktionsgartenbau: Jungpflanzenbetriebe, Züchter
Dienstleistungsgartenbau: BGL-Logo mit Zusatz „Der Experte für Garten & Landschaft"

> **Markenschutz**
> Eingetragene Marken sind mit Hilfe des § 15 Warenzeichengesetz geschützt. Hierfür existiert ein amtliches Register beim Deutschen Patentamt, die sogenannte Warenzeichenrolle. Das Recht der Nutzung von Marken ist vererb- und veräußerbar (z.B. per Lizenz).

Tab. 12: Verbreitete Markierungsformen

Markierungsformen	Beispiele
Wortzeichen	Firmennamen Abgekürzte Geschäftsbezeichnungen Buchstabenkombinationen Phantasienamen
Slogans	Oft in Verbindung mit Firmennamen Wiedererkennungseffekt notwendig Anforderung: unverwechselbar Beim Dienstleistungsbetrieb: vor allem den Image-Charakter betonend (z. B. Vertrauen) Bei Sachleistungsanbietern häufig auch einen Kauf-Appell beinhaltend
Bildzeichen	Logos Symbole Wappen Bildhafte Darstellungen, oft in Verbindung mit Wortzeichen Ziel: Gedankliche Verbindung mit Firma Vorteil: Schnell zu erfassen
Buchstabenmarke	BASF
Kombinierte Marke	z. B. Dr. Oetker mit Frauenkopf
Zahlenmarke	z. B. 4711

Hausmarken im gärtnerischen Einzelhandel

Immer mehr Fach-Gartencenter entwickeln Hausmarken, die durch Displays, Töpfe, Etiketten und durch die Auspreisung aus dem restlichen Sortiment hervorgehoben werden. Ziel ist es, sich hierdurch von branchenfremden Mitbewerbern abzugrenzen, die identische Herstellermarken führen wie die Fach-Gartencenter. Auch der Preisvergleich wird erschwert. Häufig sind derartige Hausmarken im gesamten Pflanzensortiment zu finden. Voraussetzung für die erfolgreiche Etablierung einer Hausmarke ist die intensive Kommunikation und das Einhalten des ausgesprochenen Qualitätsversprechens.

5.1.9 Kennzeichnungen, Gütezeichen, Qualitätssiegel

Mit Hilfe von Kennzeichnungen, Gütezeichen und Qualitätssiegeln kann man Angebote zum einen besser erkennbar machen und zum anderen sich aus der Masse der Mitbewerber herauszuheben versuchen.

Kennzeichnungen

Verbreitet findet man im Absatzmarketing von Gartenbauprodukten Kennzeichnungen, die eine Aussage über die Herkunft der Produkte oder die Art und Weise treffen, wie diese hergestellt wurden. Insbesondere für Maßnahmen des Regionalmarketings sind derartige Kennzeichnungen im Einsatz.

Gütezeichen, Qualitätssiegel

Bei Nachfragern besteht häufig der Wunsch, sich für Produkte oder Leistungen anhand von zuverlässigen Kriterien entscheiden zu können. Eine entsprechende Qualitätskennzeichnung wirkt vor allem dann risikoreduzierend, wenn neutrale Stellen, z. B. die Stiftung Warentest, dem Angebot eine bestimmte Qualität bescheinigen.

In der Gartenbaupraxis wird die Qualitätskennzeichnung durch Darstellung personenspezifischer Qualifikationen praktiziert, z. B. durch das Hervorheben der Tatsache, dass es sich um einen Meisterbetrieb handelt, um so bei Kaufinteressenten Vertrauen zu erzeugen.

Durch den freiwilligen Zusammenschluss bestimmter Branchen können sich Gütegemeinschaften bilden, die Mindestqualitätsanforderungen für ihre angebotenen Güter erarbeiten. Das können beispielsweise die zur Schau gestellten Verbandszeichen des Bundesverbandes Garten-, Landschafts- und Sportplatzbaus e.V. (BGL) oder des Zentralverbands Gartenbau e.V. (ZVG) sein. Auch der Hinweis auf die Auszeichnung als Premiumgärtnerei wird in diesem Sinne genutzt.

Kunden sehen diese Zeichen, besonders unter dem Aspekt der Markttransparenz und Entscheidungsunterstützung, als informative Qualitätskennzeichen. Sie dienen bei einer Kaufentscheidung dann als Orientierungshilfe, wenn die durch das Zeichen verbürgten Gütebedingungen bekannt und verständlich sind. Der Nachfrager wird sich im Zweifelsfall für ein Unternehmen mit einem entsprechenden Zeichen entscheiden, da er diesem gegenüber ein geringeres Kaufrisiko empfindet.

Im Einzelhandel können Kennzeichnungen mit Güte- oder Qualitätssiegeln für eine bessere Orientierung sorgen. Sie können darüber hinaus Produkte im Gedächtnis von Abnehmern verankern helfen. Schließlich wird mit derartigen Zeichen die geprüfte Qualität dokumentiert.

> **Wichtige Kriterien für die verkaufsfördernde Wirkung von Güte- und Qualitätszeichen:**
> - Neutralität,
> - Kompetenz,
> - Glaubwürdigkeit.

Die vermutete Kompetenz und Neutralität eines Untersuchungsinstitutes übertragen die Verbraucher auf das Produkt. Herstellerverbände wie die Centrale Marketinggesellschaft der Deutschen Agrarwirtschaft (CMA) und die Deutsche Landwirtschafts-Gesellschaft e.V. (DLG) haben es mit der Glaubwürdigkeit vergleichsweise schwerer.

Bei der Kennzeichnung stehen nicht nur die Qualität einzelner Inhaltsstoffe oder Produktbestandteile im Vordergrund, sondern verstärkt die des gesamten Produk-

tes. Der Herstellungs- und Absatzprozess wird immer bedeutender. Als Beispiel sei das Schweizer Max-Havelaar-Gütesiegel für „fair price" genannt, eine Form von Ethik-Marketing. Der Lieferant entsprechender Produkte (z. B. Schnittblumen) bekommt garantiert einen „fair price" gezahlt.

5.1.10 Die Produktpolitik der Beispielbetriebe

Anhand der drei Beispielbetriebe sollen in Tabelle 13, Seite 58/59 die getroffenen Aussagen verdeutlicht werden.

5.2 Preispolitik

Maßnahmen der Preispolitik müssen grundsätzlich im Zusammenhang mit anderen Maßnahmen des Marketingmix gesehen und mit ihnen koordiniert werden.

Besonders wichtig ist die enge Anlehnung der preispolitischen Maßnahmen an die Ergebnisse der marktstrategischen Überlegungen. Insbesondere die Festlegungen zur Marktstimulierung (Präferenz- oder Preis-Mengen-Strategie) bilden den Ausgangspunkt für die Preispolitik in einem Unternehmen.

Die **Preispolitik** in einem Unternehmen beinhaltet Aussagen zu den folgenden Punkten:
- Preishöhen,
- Rabatten,
- Boni, Skonti,
- Zahlungsbedingungen.

Funktion des Preises

Der Preis für eine Leistung stellt einen für die Abnehmer leicht handhabbaren Beurteilungsmaßstab dar. Mangels anderer Maßstäbe um den Wert einer Leistung zu beurteilen, bedienen sich viele Abnehmer bevorzugt dieses Qualitätsindikators. Fehlt einem Abnehmer die Kompetenz, die Qualität einer Leistung wahrzunehmen und zu beurteilen, hilft die Preishöhe als Beurteilungskriterium. Somit können Preise das Vertrauen von Abnehmern in die angebotenen Leistungen erhöhen oder reduzieren. Das setzt allerdings voraus,

Tab. 13: Die Produktpolitik der Beispielbetriebe

Bestandteile der Produktpolitik	Einzelhandelsgärtner Meier	Gemüseproduzent Schmitt	GaLaBauer Müller
Produktkern der angebotenen Leistungen	Eine durchgängig sehr hohe Qualität der angebotenen Waren; Beratungs- und Servicekompetenz sowie schwer kopierbare Mehrwertdienstleistungen.	Frische, rückstandsfreie Ware in sehr guter Sortierung.	Beratungs- und Servicekompetenz sowie schwer kopierbare Mehrwertdienstleistungen; hohes handwerkliches Niveau, Sauberkeit auf Baustellen.
Produktdesign	Ästhetisch ausgefeilte und alle Sinne ansprechende Warenpräsentation; gut verständliche Anleitungen zum Umgang mit der Ware.	Überwiegend gewaschene und in die Verpackungseinheit „gelegte" Ware.	Einfacher Umgang mit den gelieferten und evtl. eingebauten Anlagen; verständliche Anleitungen; seniorengerecht.
Produktgestaltung	Durchgängige Warenauszeichnung, seniorengerecht; leicht erfassbare Produktinformationen.	Kundenspezifische Verpackung.	
Grundnutzen	Bewährte und neue Pflanzen und Zubehör mit sehr guten Eigenschaften, ideenreich präsentiert.	Absolut frische, sauber sortierte und verpackte Ware.	Erstellung funktionsfähiger und pflegeleichter Anlagen unter Verwendung hochwertiger und weitestgehend von neutraler Seite geprüfter Materialien.
Zusatznutzen: Kundenmehrwert	Abwechslungsreiches, an den Präferenzen der Stammkunden orientiertes, die Sinne ansprechendes Angebot; Vermittlung von Ideen und pfiffigen Problemlösungen;	Absolute Zuverlässigkeit bzgl. der Produkteigenschaften und der Lieferbereitschaft. Hohe Schlagkraft und Flexibilität bei der Bearbeitung von Aufträgen.	Vermittlung von Ideen und pfiffigen Problemlösungen; Aufwertung der Kunden-Immobilien.
Komplettierung	interessante Bonusprogramme. Vielfalt an reizvollen Warenangeboten, rund um das Thema Wohnen im Garten.	Übernahme von Transportleistungen bei Kapazitätsengpässen der Abnehmer.	Mehr Sicherheit für die Kunden durch das Angebot von Sichtschutzanlagen sowie geeigneter Lichtinstallationen.
Entkomplizierung	Vorab-Selektion von Produkten und Services aus der Angebotsfülle. Zusätzliches Angebot von Dienstleistungen im Hausgarten. Angebot von Liefer- und Installationsservice.		Leichter Umgang mit den eingebauten Anlagen.
Produktlebenszyklus	Ständige Orientierung an Mode- und Farbtrends bei der Auswahl des Sortiments.	Regelmäßige Auswertung der Marktforschungsergebnisse. Systematische Gespräche mit den Absatzmittlern sowie mit Einzelhändlern.	Ständige Orientierung an Einstellungen, Lebensstilen und Trends. Regelmäßige Auswertung von Marktforschungsergebnissen.
Innovationen	Systematische Auswertung der Versuchsergebnisse der Lehr- und Versuchsanstalten. Mitarbeit in entsprechenden berufsständischen Gremien.	Systematische Auswertung der Versuchsergebnisse der Lehr- und Versuchsanstalten. Mitarbeit in entsprechenden berufsständischen Gremien.	Systematische Auswertung von Neuheiten durch Fachpresse, Gespräche mit Kollegen sowie Messebesuche.

Tab. 13: (Fortsetzung)

Bestandteile der Produktpolitik	Einzelhandelsgärtner Meier	Gemüseproduzent Schmitt	GaLaBauer Müller
Sortimentsgestaltung: Sortimentsbreite	Breites Sortiment für das Wohnen im Garten, inclusive Abteilungen für Gartenmöbel und Haustiere.	Frühjahrs-, Sommer- und Herbstkulturen für den Unterglasanbau. Auswahl erfolgt anhand des Deckungsbeitrages der einzelnen Kultur bzw. des einzelnen Satzes im Abgleich mit der Höhe des Gesamt-Deckungsbeitrages des Anbauprogrammes.	GaLaBau-Leistungen für private und gewerbliche Kunden. Öffentliche Aufträge nur dann, wenn sie gestalterische Inhalte haben. Durch Kooperation mit anderen Anbietern können – fast – alle Wünsche erfüllt werden.
Sortimentstiefe	Überdurchschnittlich tiefes Sortiment im Bereich Pflanze. Gut durchdachte, reduzierte Sortimentstiefe bei restlichem Sortiment, mit klarem Fokus auf das oberste Qualitätssegment.		
Strategische Erfolgsfaktoren	Besonders ausgeprägte Kundennähe durch die systematische Auswertung von Kundengesprächen und Kundenbefragungen. Marktführer bezüglich Kreativität und Ästhetik.	Frische und Spitzenqualität im Hinblick auf Sortierung und Verpackung. Unschlagbar bezüglich Schlagkraft und Flexibilität.	Besonders ausgeprägte Kundennähe durch die systematische Auswertung von Kundengesprächen und Kundenbefragungen. Marktführer bezüglich Kreativität und Ästhetik.
Servicepolitik	Kundenorientierte Informations- und Beratungsangebote; seniorengerecht. kulante Reklamationsbehandlung.	Flexible Erfüllung von kundenspezifischen Portionierungs- und Verpackungswünschen.	Kundenorientierte Informations- und Beratungsangebote; seniorengerecht. Kulante Reklamationsbehandlung.
Markenpolitik	Firmenname als Marke; bei Verwendung von Hausmarken Substraten; Herstellermarken bei Zubehör, Gartenmöbeln und Tierbedarf.	Firmennamen als Marke; Verwendung von Marken-Geräten und -materialien.	Firmennamen als Marke.
Kennzeichnung		Teilnahme am Regionalmarketing.	
Gütesiegel, Qualitätszeichen	Hinweis auf die Auszeichnung als Premiumgärtnerei.	Teilnahme am Regionalmarketing. Hinweis auf Teilnahme an Qualitäts- und Hygienemanagementprogrammen.	Hinweis auf die Mitgliedschaft im BGL. Bevorzugte Verwendung von durch neutrale Stellen geprüfte Materialien und Geräte (z. B. bei Substraten und Spielgeräten).

dass dem Kunden die betreffende Leistung sowie ihr Wert möglichst transparent dargestellt werden muss.

Zudem zeigen Untersuchungen, dass das Urteil über die Preisgünstigkeit eines Anbieters eine sehr große Rolle im Kaufentscheidungsprozess spielt. Daher sind das Image eines Unternehmens sowie die Kundenerwartungen in Bezug auf eine konkrete Leistung und ihren Preis entscheidend für den Erfolg einer Preisstrategie.

Preise können darüber hinaus auch einen Prestigeeffekt bewirken. So kann z. B. der Preis für eine bestimmte Leistung als Demonstrationsmittel für den angestrebten sozialen Status eines Abnehmers dienen.

5.2.1 Bestimmung der Preishöhe

Die Festlegung der **Preishöhe** im Unternehmen wird unter anderen von den folgenden Faktoren beeinflusst:

- den Unternehmenszielen,
- den spezifischen Kosten im Unternehmen,

– der Nachfragesituation,
– der Wettbewerbssituation,
– gesetzlichen Bestimmungen (z. B. Gebührenordnungen usw.).

Nach MEFFERT (2000) lassen sich drei grundlegende **Methoden zur Preisbestimmung** unterscheiden:
– die kostenorientierte Preisbildung,
– die nachfrageorientierte Preisbildung und
– die wettbewerbsorientierte Preisbildung.
In der Praxis wird meist eine Mischung aus diesen drei Methoden angewendet.

Die kostenorientierte Preisbildung

Die kostenorientierte Preisbildung stellt das Prinzip der Wirtschaftlichkeit in den Mittelpunkt. Die unternehmensspezifische Kostensituation bestimmt die für die Gewinnerzielung notwendige Preishöhe. Eine **Vollkostenrechnung** hat allerdings grundsätzlich das Problem der mehr oder weniger willkürlichen Verrechnung der Gemeinkosten.

Kostenrechnung

Neben dem Kostenaspekt sind immer auch die spezifischen Marktgegebenheiten zu berücksichtigen. Sonst besteht die Gefahr, sich „aus dem Markt zu kalkulieren." Muss ein Unternehmen aufgrund von Absatzproblemen die angebotenen Stückzahlen reduzieren, ist es bei der kostenorientierten Preisbildung gezwungen, die Gemeinkosten auf die verringerten Absatzmengen zu verteilen. Hierdurch erhöhen sich zwangsläufig die Preise und somit die Absatzprobleme.

Der Vorteil der **Teilkostenrechnung** liegt darin, dass ein Unternehmen lediglich die für die Entscheidung maßgeblichen veränderlichen Kostenbestandteile zu betrachten braucht. Preistaktische Überlegungen wie die Berechnung der kurzfristigen Preisuntergrenze sind daher in der Praxis leichter anzustellen. Allerdings muss immer gewährleistet sein, dass die Deckung der festen Kosten sichergestellt ist. Ansonsten bezahlt ein Unternehmen das marktnahe Kalkulieren mit der Tatsache, sich aus der Gewinnzone kalkuliert zu haben.

Aufgrund der beschriebenen Vor- und Nachteile der kostenorientierten Preisbildung liegt es auf der Hand, neben der unternehmensspezifischen Kostensituation auch die wesentlichen Einflussfaktoren des Marktes zu betrachten. Das sogenannte **Target-Costing-Verfahren** erfüllt diese Anforderung.

Die Preisbildung nach dem Target-Costing-Verfahren fragt, was ein Produkt aufgrund der Marktbedingungen höchstens kosten darf. Somit bildet der am Markt erzielbare Preis den Ausgangspunkt der Überlegungen. Hiervon ausgehend, werden die eigenen maximal möglichen Kosten für die Erstellung einer Leistung sowie der maximal mögliche Gewinnanspruch festgelegt.

Grundsätzlich steht der gärtnerische Einzelhandel vor der Herausforderung, Größeneffekte im Einkauf und in der Logistik zu realisieren. Zum einen müssen die Bestellabläufe möglichst kostensparend organisiert werden, zum anderen müssen im Bereich der Logistik Effekte der Kostensenkung in Verbindung mit einer Erhöhung der Schlagkraft angestrebt werden. Verbundsysteme sind diesbezüglich eine Lösung.

Die nachfrageorientierte Preisbildung

Die nachfrageorientierte Preisbildung prüft die Zahl der potenziellen Abnehmer, die Austauschbarkeit der eigenen Leistungen, die Preisvorstellungen und die Kaufkraft der Abnehmer. Darüber hinaus geht es um die Frage, wie empfindlich (elastisch) die Abnehmer auf Veränderungen der Preishöhe reagieren. Die hiermit angesprochene Preiselastizität der Nachfrage drückt aus, wie stark die Abnehmer auf Veränderungen in der Preishöhe reagieren. Dieser Wert kann als Maßstab verwendet werden, wenn ein Unternehmen die Konsequenzen von Preisentscheidungen prüfen möchte.

Weitere Bestimmungsgrößen für die nachfrageorientierte Preisbildung sind der Einfluss der Qualität der angebotenen Leistungen sowie das Image des Anbieters. Können Nachfrager die Qualität der angebotenen Leistung schwer einschätzen, spielen die Preishöhe und das Image eines Anbieters eine sehr wichtige Rolle.

In immer stärkerem Maße dient das Internet für viele Abnehmer als Instrument für die Durchführung von Preisvergleichchen. Anbieter reagieren hierauf mit Kombinationsangeboten, bestehend aus mehreren Bausteinen oder Modulen, die einen Preisvergleich erschweren. Varianten im Leistungsangebot sowie verschiedenartige Serviceleistungen komplizieren die Vergleichbarkeit zusätzlich.

Die wettbewerbsorientierte Preisbildung

Bei der wettbewerbsorientierten Preisbildung dienen vor allem die Wettbewerbspreise als Anhaltspunkt, den preispolitischen Spielraum zu bestimmen. Durchschnittspreise oder die Preishöhe der Marktführer geben hierbei Orientierung. Gegenmaßnahmen von Mitbewerbern als Reaktion auf eigene preispolitische Entscheidungen müssen mit ins Kalkül genommen werden. Darüber hinaus spielen das Verhalten der Abnehmer sowie deren Erwartungen und Einschätzungen eine wesentliche Rolle.

Eine besondere Form der wettbewerbsorientierten Preisbildung praktizieren Betriebe des Garten- und Landschaftsbaus, die sich an Ausschreibungen beteiligen. Durch die starre Bindung an die der Ausschreibung zugrunde gelegten Leistungsverzeichnisse gewinnt die Preispolitik den Status des allein entscheidenden Absatzinstrumentes.

Preisbündelung

Anstatt verschiedene Leistungen getrennt voneinander zu verkaufen, kann man diese im Verbund als Leistungspaket anbieten. Dabei kann auf bisher wenig in Anspruch genommene Angebote aufmerksam gemacht werden. Durch die Bündelung von Leistungen und somit das Angebot „aus einer Hand" kann ein höheres Maß an Zufriedenheit auf Seiten der Abnehmer bewirkt werden.

Sonderangebotspolitik

Mit Hilfe von Sonderangeboten streben Anbieter eine kurzfristige Absatzsteigerung und somit eine zeitliche und mengenmäßige Lenkung der Nachfrage an. Zusätzlich kann bei Leistungen, deren Preiswürdigkeit für die potenziellen Abnehmer schwer einzuschätzen ist, die Kaufunsicherheit reduziert werden. Beispielsweise

werden häufig neu in den Markt eingeführte Leistungen als „Schnupper-Angebote" beworben.

Definitionsgemäß werden Sonderangebote während des normalen Geschäftsbetriebes ohne die Ankündigung einer zeitlichen Begrenzung eingesetzt. Besondere Verkaufsveranstaltungen wie Schluss- oder Räumungsverkäufe zählen nicht dazu.

5.2.2 Preisdifferenzierung

Mit Hilfe von Maßnahmen der Preisdifferenzierung kann eine Feinsteuerung der Preispolitik erfolgen, um die Nachfrage zu beeinflussen. Als Ansatzpunkte können folgende Arten der Preisdifferenzierung unterschieden werden:
- zeitliche Preisdifferenzierung,
- räumliche Preisdifferenzierung,
- abnehmerorientierte Preisdifferenzierung.

Zeitliche Preisdifferenzierung

Die zeitliche Preisdifferenzierung berücksichtigt Einflüsse auf die Nachfrage, die durch zeitliche Einflüsse bedingt sind. Auch auf Unternehmensseite können beispielsweise Anlässe wie Jubiläen ausschlaggebend sein. Mit ihrer Hilfe soll die Nachfrage gelenkt werden, wobei man grundsätzlich von einer preiselastischen Nachfrage ausgeht.

So können gerade im Agrarbereich Saisonabschnitte im Jahresverlauf eine wichtige Rolle für die Preisgestaltung spielen. Kommen beispielsweise die ersten deutschen Erdbeeren oder der erste deutsche Spargel auf den Markt, können die Anbieter zu diesem Zeitpunkt ein höheres Preisniveau durchsetzen als zu späteren Zeitpunkten. Aufgrund der ausgeprägten Verbraucherpräferenzen für deutsche Erdbeeren und Spargel entsteht zu Saisonbeginn eine gewisse Dringlichkeit, das Bedürfnis nach dem Verzehr frischer, heimischer Ware zu befriedigen. Die Preiselastizität ist in diesem Falle höher als zu späteren Zeitpunkten des Saisonverlaufs.

Ein Dienstleister muss die vorzuhaltenden betrieblichen Kapazitäten (Personal, Geräte) bestmöglich dem tatsächlichen Bedarf anpassen. Kurzfristige Auftragsschwan-

Saisoneffekte

kungen erschweren es ihm, diese Aufgabe zu bewältigen. Daher kann es im Interesse des Anbieters sein, eine zeitliche Preisdifferenzierung, beispielsweise in Form eines „Frühbucherrabatts", vorzunehmen.

Auch Wochentage oder gar Tageszeiten dienen als Bezugsgröße, um die Nachfrage nach den angebotenen Leistungen zu beeinflussen. Einzelhändler können z. B. SMS-Nachrichten an Stammkunden versenden und für einen festgelegten Zeitraum bestimmte, preislich attraktiv gestaltete Produkte bewerben. So machen es aktive Gartencenter, wenn sie Waren anbieten, deren Preise auf bestimmte Tagesabschnitte begrenzt sind.

Räumliche Preisdifferenzierung

Die räumliche Preisdifferenzierung berücksichtigt geografische Unterschiede in Bezug auf die Nachfrage nach den angebotenen Leistungen. Diese Unterschiede können spezifische Marktstrukturen bewirken und somit eine jeweils eigene Preispolitik für die gleiche Leistung fordern.

Der Dienstleistungsgartenbau kennt regional deutliche Unterschiede bei den Betriebsstundensätzen. Im Produktionsgartenbau dagegen passen sich die Preise zwischen den Regionen immer mehr an. Der Großhandel von Gartenbauprodukten berichtet von Entwicklungen hin zu einem „Europa-Preis". Beispielsweise stehen auf der Internetseite einzelner niederländischer Zierpflanzen-Großhändler bereits kurze Zeit nach dem Versteigerungstermin Preislisten zum Abruf. Auf diese Weise werden Großhandelspreise mit einer sehr großen geografischen Reichweite festgelegt. Das hohe Maß an Transparenz sorgt unweigerlich für einen starken Druck auf die Handelsspannen.

Abnehmerorientierte Preisdifferenzierung

Die abnehmerorientierte Preisdifferenzierung erfolgt aufgrund von bestimmten Nachfragermerkmalen. Das bekannteste Beispiel ist die vermutete Einkommenshöhe von Abnehmern, die im Fall eines Dienstleisters Einfluss auf die Preisgestaltung haben kann. Handelt es sich um einen strategisch wichtigen Geschäftspartner (A-Kunde), wird man als Anbieter

eventuell eine andere Preispolitik anwenden als bei einem weniger bedeutsamen Nachfrager (B- oder C-Kunde). Strategisch wichtige Kunden sind solche Kunden, die für das Unternehmen einen Wert darstellen. Dieser Wert ergibt sich grundsätzlich aus der Kundengröße (nachgefragte Leistungsmenge) sowie dem Kundenverhalten. Sollen die eigenen Kapazitäten ausgelastet werden, spielt die vom betreffenden Kunden nachgefragte Leistungsmenge eine Rolle. Sollen die Marktanteile in einem bestimmten Marktsegment erhöht werden, ist der Zugang des Kunden zu diesem Marktsegment von besonderem Wert.

Will ein Unternehmen die abnehmerorientierte Preisdifferenzierung mit System praktizieren, muss ein Schema für die Bewertung der eigenen Kunden entwickelt werden.

Die Rabattpolitik eines Unternehmens wird ebenfalls zur abnehmerorientierten Preisdifferenzierung gezählt. Ein Rabatt ist ein Preisnachlass gegenüber einem zuvor festgelegten Preis. Verbreitet sind Gruppenrabatte, Mengenrabatte sowie Naturalrabatte. Während der Gruppenrabatt eine streng abnehmerorientierte Form der Preisdifferenzierung darstellt, bezieht sich der Mengenrabatt auf die von einem einzelnen Abnehmer nachgefragte Absatzmenge. Der Naturalrabatt stellt einen abgewandelten Mengenrabatt dar. Ab dem Kauf einer zuvor festgelegten Leistungsmenge bekommt der Kunde eine definierte Leistungsmenge gratis obendrauf (Beispiel: Nimm fünf, zahl vier!).

Die Grenzen dieses Instruments der Preisdifferenzierung liegen darin, dass für den Anbieter die Komplexität und somit der Kontrollaufwand steigt. Außerdem können Preisunterschiede bei den Kunden zu Unsicherheiten und Irritationen führen.

5.2.3 Preispsychologie

Grundsätzlich stoßen Preisangebote dann auf Akzeptanz durch den Kunden, wenn diese als fair, nachvollziehbar und wettbewerbsfähig beurteilt werden. Hierzu kann man als Anbieter einiges beitragen.

In vielen Fällen kommt es für Abnehmer weniger auf die konkrete Höhe eines Preises an, sondern häufig spielt der „gefühlte" Preis für die Kaufentscheidungen und die Kundenzufriedenheit eine größere Rolle. Eine eindeutige sowie durchgängige Preispositionierung, die sich an den Kundenerwartungen und deren Ausgabebereitschaft orientiert, ist wichtig.

Es gibt im gärtnerischen Einzelhandel Produktgruppen, z. B. Pelargonien, die in der Wahrnehmung von Kunden eine besonders hohe Bedeutung haben. Die Preispolitik bei derartigen Artikeln hat Signalwirkung und wirkt deshalb überproportional auf das Preisimage des Unternehmens. Daher kommt ein Fachgeschäft in der Regel nicht umhin, für derartige Leitartikel auch Angebote in Einstiegspreislagen zu führen und somit die Preis-Leistungsfähigkeit nachhaltig unter Beweis zu stellen. Mit Hilfe der gezielten Verbreiterung der Produktauswahl in den für das Preisimage besonders wichtigen Produktgruppen und Preislagen kann der Fachgeschäftscharakter untermauert werden.

Der gärtnerische Facheinzelhandel muss ein klares Preis-Leistungsverhältnis in allen Preislagen zeigen. Insbesondere in den Preislagen, in denen die Abnehmer die höchste Kaufpräferenz zeigen, sollte das Produktangebot gezielt ausgedehnt werden. Bei der Umsetzung kann sich ein Anbieter an Kriterien wie der Vergleichbarkeit der Produkte sowie der Preiskenntnis der Abnehmer orientieren. Leicht vergleichbare Produkte mit einer ausgeprägten Preiskenntnis der Kunden müssen demnach in einer anderen Preiskategorie angeboten werden als solche Produktgruppen, über die diese weniger Kenntnisse haben.

Eine Preisstaffelung beinhaltet, dass Produkte mit Leitpreischarakter in verschiedenen Größen und Qualitäten angeboten werden. Zum Einstiegspreis wird beispielsweise bei Pelargonien eine „Junior-Qualität" angeboten. Darüber hinaus gibt es größere und hochpreisigere Qualitäten, wie eine „Eliteware" oder eine „Gärtnerqualität". Diese Qualitäten unterscheiden sich deutlich von der „Einstiegspreisware" und rechtfertigen die höhere Preislage.

Preisstabilisierende Informationen helfen hierbei, so z. B. durch den Hinweis auf die Besonderheiten eines Artikels. Neuheiten, Raritäten oder besondere Farben zählen ebenfalls hierzu. Relativ hohe Preise verunsichern Kunden. Hinweise auf die Besonderheiten können die Unsicherheit jedoch mindern.

Preisstruktur

Bei aus Einzelpreisen zusammengesetzten Gesamtpreisen spielt die Preisstruktur eine besondere Rolle. Attraktive Einzelpreise können hervorgehoben werden. Die Vergleichbarkeit von entsprechenden Angeboten kann erschwert und der Bedarf an kompetenter fachlicher Beratung geweckt werden.

Das Beurteilen der Vorteilhaftigkeit von sich aus mehreren Einzelpreisen zusammensetzenden Gesamtpreisen, erfordert einen komplexen Entscheidungsprozess. Marktforschungsergebnisse zeigen, dass sich Abnehmer in solchen Situation nicht immer rational verhalten und sich häufig suboptimal entscheiden.

Für den direkten Vergleich mit Wettbewerbsangeboten ist es vorteilhaft, möglichst viele Einzelpreise aufzuführen, die mit der Konkurrenz mithalten können. Günstige Preiselemente können weiter aufgespalten werden, um in mehreren Leistungselementen preislich attraktiv zu sein. Die Einzelpreise, mit denen man teurer als die Konkurrenz ist, sollten tendenziell weniger detailliert aufgeführt sein.

Direkte Preisvergleiche sind dann nicht mehr möglich, wenn die angebotenen Leistungen individuell auf einen Abnehmer zugeschnitten sind.

5.2.4 Zahlungsbedingungen

Preisstaffelung

Nachfolgend werden verbreitete Formen von Zahlungsbedingungen aufgeführt:
– Zahlung gemäß vereinbartem Ergebnis,
– Zahlung nach dem Vollzug der Leistungserstellung,
– Zahlung im Voraus (zwingender Vertragsbestandteil sind klare Regelungen und Bedingungen für den eventuellen Rücktritt bzw. die Stornierung eines erworbenen Leistungsversprechens),
– Anzahlung (zwingender Vertragsbestandteil sind klare Bestimmungen der Gegenleistung).

Tab. 14: Die Preispolitik der Beispielsbetriebe

Bestandteile der Preispolitik	Einzelhandelsgärtner Meier	Gemüseproduzent Schmitt	GaLaBauer Müller
Preishöhe: kostenorientierte Preisbildung	Meier führt seit dem Besuch der Meisterschule die Vollkostenrechnung bei allen wichtigen Sortimentsbestandteilen durch.	Schmitt führt seit dem Besuch der Meisterschule die Vollkostenrechnung bei allen wichtigen Sortimentsbestandteilen durch.	Müller führt seit dem Besuch der Meisterschule die Vollkostenrechnung bei allen wichtigen Sortimentsbestandteilen durch.
nachfrageorientierte Preisbildung	Er hat einen großen Anteil von Stammkunden und profitiert bei der Preisbildung von seinem Image als kreativer Gestalter von Lebensräumen.	Er kennt die tagesaktuellen „Europa-Preise" im Großhandel sehr genau und weiß, dass er nicht immer, aber häufig einen Preiszuschlag erhält, den er auf sein gutes Image als zuverlässiger Partner des Großhandels zurückführt.	Er hat einen großen Anteil von Stammkunden und profitiert bei der Preisbildung von seinem Image als kreativer Gestalter von Lebensräumen.
wettbewerbsorientierte Preisbildung	Meier analysiert fortlaufend die preislichen Aktivitäten der Mitbewerber. Dadurch kennt er die Preispolitik der Mitbewerber.	Schmitt verfolgt die Wettbewerbssituation in Europa und in angrenzenden Gebieten sehr genau. Aufgrund der Kostenrechnung kann er die eigenen preislichen „Schmerzgrenzen" exakt bestimmen.	Aus öffentlichen Ausschreibungsverfahren hält sich Müller meist raus. Er vergleicht seine Kostenstrukturen mit Hilfe des BGL-Betriebsvergleiches. Anhand der eigenen Preisuntergrenzen weiß er, ab wann er aus einem Bieterverfahren auszusteigen hat.
Preisbündelung	Aus Kundengesprächen und -befragungen weiß Meier, dass vor allem gewerbliche und ältere Privatkunden gern Lösungen aus einer Hand erhalten. Wo immer möglich, bündelt er Leistungen (und Preise) zu Paketen.	Kein Einsatz.	Aus Kundengesprächen und -befragungen weiß Müller, dass vor allem gewerbliche und ältere Privatkunden gerne Lösungen aus einer Hand erhalten. Wo immer möglich, bündelt er Leistungen (und Preise) zu Paketen.
Sonderangebote	Schnupper-Angebote mit attraktiven Preisen setzt Meier beispielsweise bei neuartigen Pflanzenangeboten ein. Er will hiermit Hemmschwellen bei den Kunden senken, es einmal mit einer unbekannten Pflanze zu probieren.	Kein Einsatz.	Kein Einsatz.
Preisdifferenzierung: zeitlich	Meier nutzt dieses Instrument sehr intensiv. Angebote sind auf bestimmte Wochentage und Tageszeiten bezogen. Frequenzschwächere Zeitspannen sollen hiermit belebt werden.	Kein Einsatz.	Müller bietet spezielle Preisvorteile für Frühbucher. Auftragsspitzen sollen hiermit etwas gebrochen werden.
räumlich	Kein Einsatz.	Kein Einsatz.	Kein Einsatz.
abnehmerorientiert	Meier führt für seine Stammkunden regelmäßig eine Bewertung durch. Durch die Analyse der Kundengespräche und -befragungsergebnisse kennt er die Präferenzen seiner Kunden recht genau. Für die hieran orientierten hochwertigen Lösungen werden relativ hohe Preise gefordert.	Kein Einsatz.	Müller führt für seine Stammkunden regelmäßig eine Bewertung durch. Durch die Analyse der Kundengespräche und -befragungsergebnisse kennt er die Präferenzen seiner Kunden recht genau. Für die hieran orientierten hochwertigen Lösungen werden relativ hohe Preise gefordert.

Tab. 14: (Fortsetzung)

Bestandteile der Preispolitik	Einzelhandelsgärtner Meier	Gemüseproduzent Schmitt	GaLaBauer Müller
Mengenrabatte	Meier nutzt dieses Instrument häufig.	Kein Einsatz.	Kein Einsatz.
Preispsychologie: Preispositionierung	Meier möchte mit seiner Preispolitik eindeutige Signale setzen. Er kennt die Erwartungen und die Ausgabenbereitschaft seiner A-Kunden sehr genau. Eine sehr wichtige Aufgabe der Verkaufskräfte ist es, die angebotene Leistung und ihren Wert deutlich und transparent zu machen.	Schmitt kennt seine Stärken und versucht immer wieder, objektive Begründungen für die ihm gezahlten Premiumpreise zu geben.	Müller möchte mit seiner Preispolitik eindeutige Signale setzen. Er kennt die Erwartungen und die Ausgabenbereitschaft seiner A-Kunden sehr genau. Eine sehr wichtige Aufgabe der Verkaufs- und Servicekräfte ist es, die angebotene Leistung und ihren Wert deutlich und transparent zu machen.
Leitpreise	Meier bietet bei Leitartikeln bewusst auch Ware in Einstiegspreislagen an. Aus C-Kunden sollen ja mal B-Kunden und später mal A-Kunden werden.	Kein Einsatz.	Kein Einsatz.
Preisstabilisierung		Premiumpreise bedürfen einer ständigen Untermauerung in Form von Verlässlichkeit und Serviceleistungen.	Müllers geschulte Servicekräfte verstehen es, die geforderten Preise durch geeignete Argumentationen nachvollziehbar und akzeptabel zu machen.
Preisstruktur	Kein Einsatz.	Kein Einsatz.	Besonders vorteilhafte Einzelpreise werden in der Rechnung aufgeführt, während relativ hohe Einzelpreise eher in größere Positionen eingegliedert werden.
Zahlungsbedingungen	Keine Besonderheiten.	Keine Besonderheiten.	Vorkasse gemäß VOB-Regelungen ist bei größeren Projekten üblich.

5.2.5 Die Preispolitik der Beispielbetriebe

In Tabelle 14 werden die Ausführungen zur Preispolitik an den Beispielbetrieben angewandt.

5.3 Vertriebspolitik (Distributionspolitik)

Mit Hilfe der Vertriebspolitik sollen geeignete Maßnahmen beschrieben werden, wie der Verkauf der angebotenen Leistungen am besten erfolgen kann. Das grundsätzliche Ziel ist dabei, die richtige Leistung zur richtigen Zeit, in der richtigen Menge, zum richtigen Preis am richtigen Ort anbieten zu können. Somit geht es bei der Konkretisierung der vertriebspolitischen Maßnahmen darum, die folgenden Entscheidungen zu treffen:

- Entscheidungen über die Art und Ausgestaltung der Absatzwege,
- Entscheidungen über die Art und Anzahl der einzuschaltenden Absatzorgane,
- Entscheidungen zum betrieblichen Standort,
- Entscheidungen über transport- und lagerpolitische Maßnahmen (physische Distribution, Logistik).

5.3.1 Absatzwege

Die Absatzwege treffen eine Aussage darüber, ob eine Leistung direkt an den Endnutzer abgesetzt wird (Absatzweg direkter Absatz) oder ob noch Absatzmittler bzw. Absatzhelfer dazwischen geschaltet sind, bevor die Leistung den Endnutzer erreicht (Absatzweg indirekter Absatz). Dienstleistungsbetriebe setzen ihre Leistungen in der Regel direkt an den Endnutzer ab.

Beim **direkten Absatz** vertreibt der Hersteller einer Leistung seine Ware ohne unternehmensfremde Hilfe. **Indirekt absetzende Anbieter** nutzen unternehmenseigene oder unternehmensfremde Absatzmittler für den Vertrieb ihrer Leistungen. Die Absatzmittler vertreiben die Leistungen dann entweder über Groß- oder über Einzelhandelsbetriebe an die Endnutzer.

Darüber hinaus kommen für den indirekten Absatz auch rechtlich selbständige Absatzhelfer in Frage. Häufig übernehmen Absatzhelfer auch eine Beratungsfunktion. Absatzhelfer können Handelsvertreter, Kommissionäre oder Makler sein.

Grundsätzlich kann man die nachfolgend aufgeführten Vor- und Nachteile (Plus- bzw. Minuszeichen) der beiden Absatzwege aufführen. In der Praxis sind kombinierte Absatzwegeformen relativ verbreitet.

Allerdings gelingt es dann nicht immer die jeweiligen Vorteile auszuschöpfen (siehe auch Tabellen 15 und 16).

Besonderheiten bei den einzelnen, für den Gartenbau wichtigen Absatzwegen

1. Absatzweg – Belieferung von überregional agierenden Groß- und Einzelhändlern

Aufgrund der relativ weit fortgeschrittenen Konzentration im deutschen Einzelhandelsmarkt kommt der Zusammenarbeit von gartenbaulichen Produzenten und wichtigen Absatzmittlern eine große Bedeutung zu. Viele Anbieter von Gartenbauprodukten bzw. deren Absatzorganisationen müssen die Zusammenarbeit mit kapitalkräftigen Einzelhandelsfirmen intensivieren. In den vergangenen Jahrzehnten gewannen die großflächigen Einzelhandelsformen in vielen gartenbaulichen Warenbereichen erhebliche Marktanteile hinzu. Wo immer sich Ansatzpunkte für eine strategische Zusammenarbeit bieten, sollten diese genutzt werden, beispielsweise zur Entwicklung von für beide Seiten geeigneten Sortimenten.

Der filialisierte Lebensmitteleinzelhandel in Deutschland kennt zwei logistische Grundsysteme:
- die Zentrallieferung und
- die Streckenlieferung.

Je nach Produktkategorie kommt das eine oder das andere System oder auch beide gleichzeitig zum Einsatz. Die Zentrallieferung sieht die Lieferung eines Produktes an das Zentrallager vor, damit es von dort

Tab. 15: Vor- und Nachteile der Absatzwege

Kriterium	Direkter Absatzweg	Indirekter Absatzweg
Möglichkeit der Kundenbindung	+	–
Zugang zu Marktinformationen	+	–
Flexibilität bei der Marktbearbeitung	+	–
Unmittelbare Kontrolle des Marktgeschehens	+	–
Investitionsvolumen für den Aufbau	–	+
Vermeidung von Kapitalbindung	–	+
Flächendeckende Marktpräsenz/Große Stückzahlen	–	+
Effektivität der Vermarktung/Organisatorischer Aufwand	–	+

Tab. 16: Typische Beispiele für direkte und indirekte Absatzwege im Gartenbau

Indirekter Absatz	Direkter Absatz
Belieferung einer Erzeugergenossenschaft bzw. einer Erzeugergemeinschaft	Verkauf über den eigenen Einzelhandel
Belieferung eines Abholmarktes (Cash & Carry-Markt)	Verkauf über einen Stand auf einem Wochenmarkt
Belieferung einer Versteigerung	Ambulanter Handel (Belieferung von Endverbrauchern mit Abo-Kisten bzw. Straßenverkauf)
Belieferung von anderen Gartenbaubetrieben	Verkauf über einen eigenen Versandhandel
Belieferung von Großhändlern	Absatz an Endverbraucher über das Internet (E-Commerce: BtoC – business to consumer)
Fahrverkauf (Breitfahren)	Verkauf durch die Selbstpflücke bzw. Selbsternte der Endverbraucher
Absatz an Wiederverkäufer über das Internet (E-Commerce: BtoB – business to business)	Verkauf über ein Shop in Shop-System (eigener Einzelhandel als Untermieter in einem Verbrauchermarkt)
Verkauf an Wiederverkäufer im Rahmen von Verkaufsmessen	Verkauf an Endverbraucher im Rahmen von Verkaufsmessen
	Belieferung von gewerblichen Kunden

aus an die angeschlossenen Einzelhandelsbetriebe ausgeliefert werden kann. Bei der Streckenlieferung übernimmt es der Hersteller, die an eine Zentrale angeschlossenen Filialen direkt oder über ein Regionallager zu beliefern. Beide Systeme sollen sicherstellen, dass die Ware möglichst dauerhaft am Verkaufsort verfügbar ist.

2. Absatzweg regional begrenzte Belieferung von Groß- und Einzelhändlern

Die Absatzkosten für den Vertrieb von regional zu vermarktenden Leistungen stellen für viele Regionalmarketing-Projekte ein großes Problem dar. Häufig handelt es sich um eine relativ große Zahl von Kunden, die eine relativ kleine Menge an Leistungen abnimmt. Daher muss bei derartigen Projekten für größtmögliche Transparenz über die ökonomischen Vorzüge der in Frage kommenden Absatzwege angestrebt werden.

5.3.2 Absatzkosten

Eine wichtige Kennzahl für die vergleichende Beurteilung der Absatzkosten einzelner Absatzwege ist der Deckungsbeitrag pro Absatzweg.

Deckungsbeitrag Absatz
Der Deckungsbeitrag pro Absatzweg berechnet sich nach dem folgenden Schema:

$$\begin{array}{l} \text{Erlös pro Absatzweg} \\ -\ \text{variable Spezialkosten} \\ \ \text{pro Absatzweg} \\ \hline = \text{Deckungsbeitrag I pro Absatzweg} \end{array}$$

$$\begin{array}{l} \text{Deckungsbeitrag I pro Absatzweg} \\ -\ \text{feste Spezialkosten pro Absatzweg} \\ \hline = \text{Deckungsbeitrag II pro Absatzweg} \end{array}$$

5.3.3 Absatzmethode

Die Absatzmethode trifft Aussagen zur Organisation des Absatzes, zu den beim Absatz eingesetzten Techniken, zum Verkaufspersonal und schließlich zur Absatzlogistik.

Im Kern geht es dabei um die folgende zentrale Frage: Wie stellen wir den Kontakt zu unseren Kunden her?

Zur Beschaffung von Aufträgen ist trotz vielfältiger moderner Kommunikationstechniken nach wie vor in hohem Maße das persönliche Gespräch mit bestehenden und potenziellen Kunden notwendig. Abnehmer wollen häufig nicht einfach etwas verkauft bekommen, sondern ausreichend informiert und beraten werden. Somit spielt der persönliche Verkauf eine zentrale Rolle. Je erklärungsbedürftiger die angebotenen Leistungen sind, desto höher ist die Bedeutung des persönlichen Verkaufs.

Angebotene Leistungen müssen demnach an die Kunden herangetragen, diesen erläutert und gegebenenfalls demonstriert werden. Im Rahmen der Gestaltung dieser Verkaufsaufgabe will der Interessent von der Problemlösungsfähigkeit der angebotenen Leistungen überzeugt werden. Am Ende dieses Beratungs- bzw. Verkaufsprozesses soll der tatsächliche Verkauf realisiert oder vertraglich vereinbart werden.

Diese Aufgabe ist möglichst effizient und abgestimmt mit den übergeordneten Unternehmenszielen zu lösen, unabhängig davon, ob der direkte oder indirekte Absatzweg bzw. Mischformen gewählt werden. Die beschriebene Verkaufsaufgabe kann grundsätzlich sowohl von unternehmenseigenen als auch von unternehmensfremden Personen (Absatzhelfer) erbracht werden. Dabei muss die laufende Sammlung und Auswertbarkeit von verkaufsrelevanten Informationen über die Kunden gewährleistet sein.

Standortbeurteilung im Facheinzelhandel

Die Abbildung 20 zeigt die wesentlichen Kriterien zur Beurteilung eines Standortes für den Facheinzelhandel.

Die Marktsituation lässt sich anhand der aktuellen Entwicklungen auf der Nachfrage- und Angebotsseite im Allgemeinen und speziell innerhalb des Marktgebietes beschreiben. Diese Entwicklungen sind in starkem Maße durch die gesamtwirtschaftlichen Rahmenbedingungen geprägt. Das Marktgebiet, in dem der Standort für den Einzelhandel liegt, ist gekennzeichnet durch das gesamte Marktvolumen sowie den Marktanteil des betreffenden Einzelhandelsunternehmens.

Das Marktvolumen wiederum ist hauptsächlich davon beeinflusst, welche Unternehmen mit welchen Angeboten im Marktgebiet tätig und wie viele Nachfrager mit welcher Kaufkraft im Marktgebiet ansässig sind. Eine Beurteilung des Marktauftrittes der Mitbewerber kann anhand der Größe der Belegschaft, der Größe der Verkaufsfläche sowie einer genaueren Betrachtung der angebotenen Warengruppen erfolgen. Wie viel vom gesamten Marktvolumen für das betreffende Einzelhandelsunternehmen abfällt, hängt vor allem vom Marktauftritt eines Unternehmens ab.

In Abhängigkeit von der Attraktivität sowie der Beschaffenheit des Marktgebietes sind Einzugsgebiete von 5 bis 30 km typisch für den gärtnerischen Einzelhandel. Merkmale, anhand derer man die Attraktivität des äußeren Erscheinungsbildes eines Einzelhandelsstandortes beurteilen kann, sind beispielsweise die Erreichbarkeit des Standortes (insbesondere auch für Ortsunkundige), das Vorhandensein ausreichender Parkplätze, die Möglichkeit der Erweiterung, die Qualität der Bausubstanz, die Form und der Zustand der Gewächshäuser sowie die Bepflanzung im Außenbereich. Schaufenster, Hinweisschilder, Fahnen, Plakate und ähnliche Medien tragen zusätzlich zum Gesamteindruck des Einzelhandels bei.

Abb. 20
Kriterien zur Beurteilung eines Standortes für den Facheinzelhandel.

Gestaltung der Verkaufsflächen

Der Aufbau von Einzelhandelsgeschäften lässt sich anhand der Einteilung in den Eingangsbereich, in Haupt- und Nebenwege, in Kreuzungen, Ruhe- und Spielzonen sowie den Kassenbereich beschreiben. Von besonderer Bedeutung hinsichtlich der Wahrnehmung durch den Kunden sind dabei der Eingangsbereich, die Hauptwege, die erste Kreuzung nach dem Eingang sowie der Kassenbereich. In diesen aufmerksamkeitsstarken Schlüsselbereichen sind im Facheinzelhandel die höherwertigen und exklusiven Produkte anzubieten.

Eine wesentliche Bestimmungsgröße für den Grundaufbau von Verkaufsräumen ist die Entscheidung darüber, welche Wegstrecken der Kunde beim Durchschreiten der Räumlichkeiten in Anspruch nehmen soll. Das wesentliche Ziel bei der Festlegung der Wegstrecke ist es, den Kunden an möglichst großen Teilen des angebotenen Sortiments vorbeizuführen. Dabei sollen die Wege weder zu verschlungen sein, noch soll der Kunde zu rasch wieder aus dem Geschäft heraus können. Jeder Einzelhändler sollte deshalb seine Kunden und deren Wegstrecken im Geschäft regelmäßig beobachten bzw. systematische Kundenlaufstudien veranlassen. Auch das Blickverhalten der Kunden ist von Interesse.

Die Festlegung der Wegstrecken sowie die Präsentation von Waren im gärtnerischen Facheinzelhandel sollen dazu dienen, die Übersichtlichkeit über das gesamte Warenangebot zu gewähren. Dies gilt sowohl für die Kunden als auch für die Verkaufskräfte. In leicht zu überblickende Verkaufsräume sind optisch gut wahrnehmbare Bereiche zu integrieren, welche die Aufmerksamkeit und Neugierde der Kunden auf sich ziehen und somit das Interesse zum Hingehen wecken (Impulszonen). Um diesen Effekt nachhaltig erzielen zu können, sollten mit Hilfe von Warenträgern im Modul- und Baukastensystem regelmäßig Umgestaltungen vorgenommen werden. Ruhezonen erlauben es dem Kunden, die wahrgenommenen Einflüsse zu verarbeiten und ermöglichen es dem Einzelhändler, die Aufenthaltsdauer des Kunden im Geschäft zu verlängern.

Grundsätzliche Anforderungen an die Warenpräsentation

Wie ein Besucher ein Einzelhandelsgeschäft wahrnimmt, wird neben inneren auch von äußeren Einflüssen bestimmt. Zum Beispiel wirken Geräusche, Gerüche, Licht, Farben, die Gestaltung insgesamt, das Ambiente sowie die Stimmung auf die Besucher ein. Mit Hilfe der bewussten Gestaltung von äußeren Einflüssen sollen beim Kunden Emotionen und Neugierde geweckt werden – eine wesentliche Voraussetzung für den Kauf der angebotenen Waren. Insbesondere die Gestaltung des Eingangs- sowie der angrenzenden Bereiche spielen für den ersten Eindruck eine große Rolle. Auf Sauberkeit und Ordnung achten sehr viele Kunden besonders.

In diesem Zusammenhang kommt dem Visual Merchandising (vgl. Begriffserklärung im Glossar, Seite 92) eine wichtige Rolle zu. Hinter dem Begriff verbirgt sich die zielgruppenorientierte Inszenierung von Höhepunkten, um die Kundenfrequenz zu beleben. Und das ist mehr als Warenpräsentation. Denn hier geht es um „die Verdichtung des Raum- und Wareneindrucks im Handel zu einem Sinneseindruck für den Menschen" (SCHNÖDT 2003). Dieser Ansatz entstand aus der Erkenntnis, dass die meisten Haushalte in den Industrieländern den Bedarf an Nahrungsmitteln bzw. Ausstattungsgegenständen für das eigene Heim weitestgehend gedeckt haben. Daher geht es für den Einzelhandel in verstärktem Maße darum, den Konsum mit Hilfe einer bewussten, die Sinne ansprechenden Inszenierung von Warenangeboten zu beleben.

Dabei spielt die Gestaltung des Schaufensters als Werbe- und Verkaufsförderungsinstrument eine wichtige Rolle. Schaufenster geben Kunden Informationen zur Unterstützung einer Kaufentscheidung und sie haben gleichzeitig eine emotionale Funktion. Letztere erfolgt über Beleuchtung, Farben und/oder Dekorationselemente. Für die emotionale Funktion spielen die Neuartigkeit (Überraschungseffekte), die Struktur (Klarheit, Symmetrie, Gliederung) und die Dynamik (Anzahl Objekte, Farbvielfalt, Bewegung) eine entscheidende Rolle (FLIESS et al. 2005).

Wegstrecken

Inszenierung

Übersichtlichkeit

Schaufenster

69

Tab. 17: Kriterien für die Warenpräsentation

Art der Gruppenbildung	Beschreibung	Beispiele/Motto
Gruppenbildung von verschiedenen Artikeln	a) Gruppierung von Artikeln nach zusammenpassenden Farben	Farbinseln
	b) Gruppenbildung nach dem Verwendungszweck	Topfpflanzen mit dazu passenden Übertöpfen inklusive der Zusatzsortimente (z. B. Dünger, Substrate, Leuchten)
	c) themenbezogene Gruppierungen	Ansammlung von Geschenkideen
	d) Pflanzen nach ihren Ansprüchen an Licht, Temperatur usw. gruppieren	Hydrokulturabteilung, Duft- oder Schattenpflanzenabteilung
	e) jahreszeitliche Anlässe	Frischsalat beispielsweise auch Essig, Öl, Knoblauchpresse, Gewürze sowie Croutons
Gruppen von gleichartigen Artikeln	Gruppierung in großen Mengen und/oder in einer großen Variationsbreite (z. B. durch Hervorhebung der Sortenvielfalt)	Motto: „Viel verkauft viel." Massenhaftes Angebot suggeriert ein günstiges Preis-Leistungs-Verhältnis
Sonderpräsentation eines einzelnen Artikels	Einzelne, häufig größere (Solitär)Pflanzen werden separat von anderen dargeboten. Um diese herum werden kleinere Pflanzen gruppiert	Motto: „Groß verkauft klein."

Die Strukturierung des Warenangebotes kann grundsätzlich nach den folgenden drei Möglichkeiten erfolgen:
- Muss-Sortiment (das Sortiment, das typischerweise vom Kunden erwartet werden kann),
- Bedarfssortiment (sachlich präsentiert, z. B. Schnittblumen oder Pflanzenschutzmittel),
- Bedürfnissortiment (die Emotionen ansprechend präsentiert, z. B. Themensortimente).

Atmosphäre in Verkaufsräumen entsteht beispielsweise durch Licht, Farben, Gestaltungsideen und Ambiente. Eine gelungene Gestaltung sorgt für die übersichtliche Präsentation der angebotenen Waren, für optische Höhepunkte, ermöglicht in geeigneten Bereichen die Selbstbedienung und sorgt regelmäßig für Abwechslung und positive Überraschungen. Impulskäufe sollen ausgelöst werden. Gleichzeitig soll sie die Selbstbedienung ermöglichen und keinen unverhältnismäßigen Arbeitsaufwand machen. Im gleichen Sinne können warenspezifische Auszeichnungen und Kundeninformationssysteme als „stumme Berater" einen wichtigen Beitrag zur Entlastung des Verkaufspersonals leisten.

Das Warenangebot sollte leicht zugänglich gemacht werden. Hierbei sind die für durchschnittliche Körpermaße geeigneten Greifhöhen und -weiten zu berücksichtigen. Innerhalb eines Warenregals muss aus Gründen der Übersichtlichkeit eine Entscheidung entweder für die vertikale oder die horizontale Präsentation eines Warenthemas getroffen werden.

Gärtnerische Fachgeschäfte unterstreichen ihre Fachkompetenz, indem sie in ihrem Sortiment Artikel bzw. Warengruppen führen, die branchenfremde Anbieter üblicherweise nicht im Angebot haben. Insbesondere Neu- und Besonderheiten bieten sich hierfür in Verbindung mit einer inspirierenden Inszenierung und leserfreundlichen Produktinformationen an. Dabei sollte die Wertigkeit der Produkte herausgestellt werden. Das aktiv beworbene Angebot von Dienstleistungen bietet die Chance, mit dem Kunden eine über den konkreten Verkaufsvorgang hinausreichende Geschäftsbeziehung einzugehen.

5.3.4 Absatzlogistik

Die Aufgabe der Absatzlogistik besteht darin, räumliche und zeitliche Distanzen zwischen der Erstellung bzw. dem Verkauf

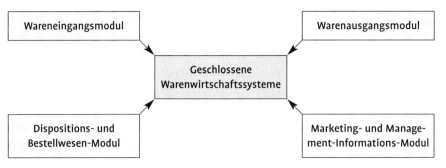

Abb. 21
Bestandteile eines Warenwirtschaftssystems (nach ZENTES 1992).

einer Leistung und ihrer Übergabe bzw. der Inanspruchnahme durch den Kunden zu überbrücken. In diesem Zuge wird das Niveau des angebotenen Service festgelegt (Lieferbereitschaft, Lieferzeiten, Lieferzuverlässigkeit).

Es liegt auf der Hand, dass derartige Festlegungen eng mit den Marketingstrategien abgestimmt werden müssen. Hat man sich in einem Unternehmen beispielsweise auf eine Präferenzstrategie verständigt, wird dies ein höheres Serviceniveau zur Folge haben als wenn ein Unternehmen eine Preis-Mengen-Strategie verfolgt.

Andererseits verursacht das Ausliefern und Vertreiben von Leistungen Kosten. Daher muss das angebotene Niveau der Serviceleistungen in einem günstigen Verhältnis zu den Logistikkosten stehen.

Warenwirtschaftssysteme

Für die effiziente Gestaltung von Logistiksystemen spielen in zunehmendem Maße Warenwirtschaftssysteme eine besondere Rolle. „Unter einem Warenwirtschaftssystem wird dabei das physische, administrative und dispositive Handling der Handelsware verstanden" (PFOHL 1990).

Modellhaft sind Warenwirtschaftssysteme, wie in Abbildung 21 dargestellt, aufgebaut.

Die modernen elektronischen Kommunikationssysteme sorgen nicht nur für einen sehr engen Kontakt zwischen Hersteller und Abnehmer, sondern binden in zunehmendem Maße auch Lieferanten, Banken und Marktforschungsinstitute in einen komplexen, auf den Warenströmen basierenden Informationsfluss ein.

Somit werden nicht nur die Bestell-, Liefer- und Rechnungsdaten zwischen Lieferanten und Abnehmern ausgetauscht, sondern es können darüber hinaus auch die Zahlungsabwicklung mit Hilfe der Kreditinstitute sowie Marktforschungsergebnisse mit einbezogen werden.

Lieferketten im Gartenbau

Bei der Erstellung von gartenbaulichen Leistungen entstehen Wertschöpfungsketten. Vom Lieferanten für Betriebsmittel über den Produzenten zum Absatzmittler oder Absatzhelfer, zum Einzelhändler und schließlich zum Endverbraucher. Im Garten- und Landschaftsbau kann ein Architekt beispielsweise als Absatzmittler auftreten, während der Einzelhandel als Kettenglied entfällt.

Das Denken in Wertschöpfungsketten erfordert von den beteiligten Akteuren, den Fokus nicht allein auf die eigene Handlung entlang der Kette zu legen. Vielmehr muss die gesamte Wertschöpfungskette und vor allem der Endabnehmer der betreffenden Leistung in die Überlegungen einbezogen werden.

Lieferketten

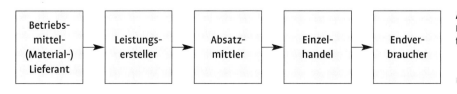

Abb. 22
Beispiel einer Wertschöpfungskette.

Beispiele:

Niederländischer Fruchtgemüsebau und die Kette vom Züchter bis zum Endverbraucher

Das Züchtungsunternehmen Rijk Zwaan stellt Kettenmanager ein, die Informationen aus allen Gliedern der Wertschöpfungskette bis hin zum Endverbraucher sammeln. Beispielsweise geht es dabei um folgende Fragen: Wie steht es um die Haltbarkeit verschiedener Sorten? Von welchen Produzenten kommen die betreffenden Produkte? Wie müssen wir die Rückverfolgbarkeit mit Hilfe der Produktkennzeichnung organisieren?

Die gesammelten Informationen fließen an die Erzeuger und Großhändler zurück. Auch in Verarbeitungsbetrieben werden entsprechende Informationen gesammelt. Anhand der Kulturtagebücher der Produzenten sowie der dokumentierten Transportbedingungen wird versucht, den Produktions- und Logistikprozess zu optimieren. Schließlich werden auch im Einzelhandel Informationen zu Trends und Marktentwicklungen gesammelt.

Der am Projekt beteiligte Lebensmitteleinzelhandel interessiert sich dafür, welche Fruchtgemüsesorten von seinen wichtigsten Lieferanten angebaut werden. Mitarbeiter suchen die Erzeuger auf, um Erfahrungen auszutauschen. Dabei stehen Themen wie der Einsatz von Pflanzenschutzmitteln, Qualität, Haltbarkeit und Geschmack im Vordergrund.

Auch im **Zierpflanzenmarkt** gibt es ähnliche Projekte, in denen verschiedene Partner entlang der Wertschöpfungskette kooperieren. Die im Einzelhandel von Zierpflanzen bedeutsamen filialisierten Unternehmen schließen sich mit Partnern zusammen, die ihnen z. B. die folgenden problemlösenden Serviceleistungen erbringen: Das Zusammenstellen großer Partien in einheitlicher Qualität und Verpackung, die Entwicklung von Verkaufskonzepten, die Vorfinanzierung der erbrachten Leistungen, eine optimierte Logistik und weitere Serviceleistungen wie die verkaufsfertige Aufbereitung der Ware.

Der **Garten- und Landschaftsbau** kennt derartige Formen der Zusammenarbeit entlang der Wertschöpfungskette ebenso. Beispielsweise schließen sich Hersteller von Materialien mit Baustoffhändlern, Planern sowie GaLaBau-Unternehmen zusammen, um flexibler und schneller auf Veränderungen in der Nachfrage nach diesen Materialien reagieren zu können. Es entsteht eine Art Rückkopplungsschleife von den Verwendern hin zu den Entwicklern, über die dann Erfahrungen, Wünsche und Anregungen transportiert werden.

Niederländische Praxiserfahrungen zeigen, dass die an einer erfolgreichen Wertschöpfungskette mitwirkenden Partner sich gegenseitig zu innovativen Ansätzen anregen und daraus allen Beteiligten dienliche Synergieeffekte entstehen können.

Für alle aufgeführten Beispiele gilt, dass sie von den Beteiligten zusätzliche Managementkapazität für Planung, Beratung, Organisation und Kontrolle abverlangen. Außerdem entsteht ein Bedarf an zusätzlichem Kapital.

Ergebnis des höheren Aufwandes müssen überzeugende und kommunizierbare Merkmale sein, mit denen sich die beteiligten Partner von den Wettbewerbern unterscheidbar machen.

5.3.5 Die Vertriebspolitik der Beispielbetriebe

Die Vertriebspolitik der drei Beispiele für Gartenbauunternehmen wird in Tabelle 18 auf Seite 73 im Detail beschrieben.

Tab. 18: Die Vertriebspolitik der Beispielbetriebe

Bestandteile der Vertriebspolitik	Einzelhandelsgärtner Meier	Gemüseproduzent Schmitt	GaLaBauer Müller
Absatzwege	Meier setzt 100 % der selbst produzierten und zugehandelten Ware über den eigenen Einzelhandel ab. Das bislang erreichte Absatzvolumen hält er noch für steigerbar, da kleinere Facheinzelhändler im Marktgebiet in absehbarer Zeit schließen werden.	Schmitt liefert annähernd 100 % der Eigenproduktion an die Erzeugergenossenschaft ab. Sein Motto: Ich will mich vollständig auf die Produktion konzentrieren können.	Müller akquiriert den Großteil seiner Projekte selbst. Allerdings bringt auch die enge Zusammenarbeit mit einzelnen Hochbau- und Landschaftsarchitekten zusätzliche Aufträge. Durch die lose Kooperation mit anderen Handwerksbetrieben kommen ebenfalls Aufträge ins Haus.
Absatzmethode Organisation des Absatzes und Techniken	Meier sorgt durch eine großzügige, gut leserliche Ausschilderung für eine gute Erreichbarkeit seines Einzelhandels. Die hell leuchtenden Fahnen sorgen für zusätzliche Aufmerksamkeit. Parkplätze und große Einkaufswagen stehen reichlich zur Verfügung. Die Schaufenster sind attraktiv gestaltet und nachts beleuchtet. Der Außenbereich ist geschmackvoll gestaltet und enthält nachahmenswerte Musterbepflanzungen. Die Verkaufsräume sind klar gegliedert. Ein Kundenleitsystem sorgt mit Hilfe von Farben für einen guten Überblick. Die Atmosphäre regt die Sinne der Betrachter an. Kreative Wareninszenierungen, und eine ästhetisch ansprechende Gruppierung des Sortiments verlocken zum Kauf.	Schmitt dokumentiert satzspezifisch alle wesentlichen Vorgänge im Produktions- und Vermarktungsprozess. So kann er im Falle einer Reklamation nachvollziehen, wo möglicherweise Abweichungen vom Geplanten auftraten. Er ist online mit der Vermarktungseinrichtung verbunden und optimiert somit den Informations- und Dokumentenaustausch. Jede abgelieferte Verpackungseinheit ist mindestens mit der Erzeugernummer von Schmitt versehen.	Müller organisiert den Absatz so, dass Verkaufsabschlüsse von ihm, seiner Frau und dem Kalkulator getätigt werden dürfen. Verkaufsvorbereitende Beratungsgespräche werden über diese Personen hinaus auch vom Bauleiter und den Baustellenleitern geführt. Dabei arbeiten alle Beratenden bevorzugt mit Bildmappen, welche die guten Ideen und die solide Handwerksarbeit anschaulich machen. Ab einem bestimmten Auftragsvolumen werden die Angebote grundsätzlich in zwei bis drei Varianten unterschiedlichen Wertes abgegeben.
Verkaufspersonal	Ein gut geschultes und motiviertes Verkaufspersonal geht aktiv auf die Kunden zu und beweist immer wieder neu die hohe Beratungs- und Servicekompetenz.		Müller investiert überdurchschnittlich viel in sein Beratungs- und Servicepersonal. Insbesondere in kommunikatorischer Hinsicht treten er und seine Mitarbeiter professionell auf.
Absatzlogistik	Meier nutzt ein Warenwirtschaftssystem, das ihm größtmögliche Transparenz über Waren- und Geldströme verschafft. Er ist an einen Verbund von Unternehmen angeschlossen, die gemeinsam Ware einkaufen und die kommunikatorischen Aktivitäten professionalisieren. Die Eigenproduktion ist ein wesentlicher Bestandteil seiner Beschaffungs- und Absatzpolitik. Er ist in ständigem Informationsaustausch mit leistungsfähigen nationalen und internationalen Lieferanten.	Da Flexibilität und Schlagkraft oberste Priorität haben, verfügt Schmitt über eine sehr gute Ausstattung mit Transportgefährten. Da er hin und wieder auch Transportleistungen für seine Kunden übernimmt, verfügt er über Techniken, welche die für die Qualitätserhaltung im LKW wichtigen Parameter aufzeichnen.	

5.4 Kommunikationspolitik

Mit dem Begriff Kommunikationspolitik werden nach Bruhn (2004) sämtliche Maßnahmen zusammengefasst, die der Kommunikation zwischen Unternehmen und ihren aktuellen und potenziellen Kunden, Mitarbeitern und Bezugsgruppen dienen.

Unternehmen wollen mit der Kommunikationspolitik gezielt mit den Kunden, der Öffentlichkeit und den eigenen Mitarbeitern in einen Austausch treten und dabei das eigene Profil schärfen. Nach Becker (2001) kann die Kommunikationspolitik insoweit auch als das „Sprachrohr" des Marketings bezeichnet werden.

Je mehr sich die auf den Märkten angebotenen gartenbaulichen Leistungen in ihrem Nutzen gleichen, desto wichtiger ist es für die Unternehmen, an Profil zu gewinnen. Der Einsatz der kommunikationspolitischen Instrumente soll hierbei helfen. Die angebotenen Leistungen sollen sich von den Konkurrenzprodukten unterscheiden. Um dies zu erreichen, sollen die Kenntnisse, die Einstellungen sowie die Verhaltensweisen der Zielgruppen beeinflusst werden.

5.4.1 Aufgaben der Kommunikationspolitik

Die Kommunikationspolitik hat grundsätzlich die in Abbildung 23 dargestellten Aufgaben.

Informationsfunktion

Kommunikationspolitische Maßnahmen sollen dazu beitragen, dass sich potenzielle Nachfrager ein möglichst präzises Bild von den Leistungsangeboten eines Unternehmens machen können. Sie erwarten beispielsweise Informationen über den konkreten Nutzen einer Leistung. Insbesondere bei Dienstleistungen kommt der Informationsfunktion der Kommunikationspolitik eine besondere Bedeutung zu. Die geplante bzw. beabsichtigte Qualität der Leistungserstellung muss den Nachfragern definiert und beschrieben werden. Da die beworbene Leistung nicht greifbar ist, sollten es die vom Anbieter zur Verfügung gestellten Informationen ermöglichen, die Leistungsinhalte zu erkennen und zu bewerten.

Der Nutzen diktiert dabei den Grundgedanken der Kommunikation. Er ergibt sich aus den Produkteigenschaften. Die Kernfrage lautet: Was hat der Kunde davon? Am Beispiel eines Rasensprinklers wird dies erläutert: Der Sprinkler hat gewisse technische Produkteigenschaften. Diese sorgen für eine besonders gleichmäßige Beregnung. Was hat der Kunde hiervon? Der Rasen ist gleichmäßig grün. Was hat der Kunde von einem besonders gleichmäßig grünen Rasen? Er hat mehr Freude an seinem Rasen und kann stolz über dessen Zustand sein. Die Kommunikationspolitik für den angebotenen Rasensprinkler konzentriert sich in der Konsequenz vor allem

Abb. 23
Die Aufgaben der Kommunikationspolitik.

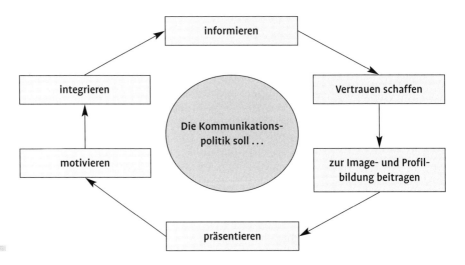

auf die Freude und den Stolz des Kunden. Sie appelliert an diese Motive. Die Produkteigenschaften treten eher in den Hintergrund und dienen der fachlichen Untermauerung der Botschaften.

Neben den von den Leistungsanbietern zur Verfügung gestellten Informationen greifen die Nachfrager bevorzugt auf Informationsquellen mit hoher Glaubwürdigkeit zurück. Hierzu zählen insbesondere auch Quellen aus dem persönlichen Umfeld des Nachfragers.

Vertrauens- und Imagefunktion

Die Kommunikationspolitik eines Unternehmens soll das Vertrauen von potenziellen Abnehmern in den Wert und die Qualität einer Leistung stärken. Im Falle von Bestandskunden soll sie das Vertrauen in die Kompetenz des Anbieters festigen. Die Kommunikationspolitik kann somit einen wichtigen Beitrag zur empfundenen Minimierung des Kaufrisikos leisten.

Insbesondere durch die Schaffung persönlicher Kontakte und die Weiterempfehlung durch glaubwürdige Referenzen können sich Unternehmen Marktvorteile verschaffen.

Profilierungsfunktion

Die Kommunikationspolitik soll die Vorzüge des eigenen Leistungsangebotes möglichst deutlich machen. In der Argumentationsweise orientiert sich ein Unternehmen hierbei am konkreten Nutzen, den sich der Nachfrager durch den besonderen Leistungsvorteil verschaffen kann.

Motivationsfunktion

Letztlich sind die Kommunikationsinstrumente nur dann wirksam, wenn sie potenzielle Nachfrager zum Kauf der angebotenen Leistungen motivieren können. Dies gelingt dann umso eher, wenn kaufrelevante Motive der Zielgruppen angesprochen werden.

Integrationsfunktion

Unternehmen kommunizieren bewusst und unbewusst. Die Kommunikationspolitik soll die kommunikatorischen Maßnahmen integrieren und aufeinander abstimmen. Sie soll in der Wahrnehmung der Nachfrager und Mitarbeiter ein möglichst stimmiges Erscheinungsbild bewirken.

5.4.2 Corporate Identity (Imagemarketing)

Damit die angesprochene Integrationsfunktion der Kommunikationspolitik gelingen kann, bietet sich das Konzept der Corporate Identity an.

BECKER (2001): „Unter Corporate Identity (CI) wird ein einheitliches, prägnantes Erscheinungsbild des Unternehmens verstanden, und zwar sowohl gegenüber der externen Öffentlichkeit (mit ihren zahlreichen ‚Teil-Öffentlichkeiten') als auch in Bezug auf die interne Öffentlichkeit (Mitarbeiter)."

Gestalterische Maßnahmen (Corporate Design), das Verhalten Kunden und Mitarbeitern gegenüber (Corporate Behavior) sowie die Kommunikation insgesamt (Corporate Communication) prägen die Identität des Unternehmens.

MEFFERT (2000) spricht von einer „Unternehmenspersönlichkeit bzw. Unternehmensidentität", die sich im Verhalten, der Kommunikation und dem Erscheinungsbild des Unternehmens ausdrückt. Sie spiegelt den gegenwärtigen Zustand, seine Tradition, die bisherige Unternehmenspolitik sowie die Einstellungen der Führungskräfte und Mitarbeiter wider.

Unternehmensidentität

Die Elemente der Unternehmensidentität strahlen, so MEFFERT (2000), kontinuierlich nach innen (auf die Mitarbeiter) und nach außen (auf die Umwelt) ab. Sie produzieren in der Öffentlichkeit ein spezifisches Image als (mehr oder weniger genaues) Abbild der Identität. Die oben erwähnte Integrationsaufgabe der Kommunikationspolitik besteht darin, die Wirkung der genannten Elemente der Unternehmensidentität möglichst stimmig zu entfalten.

5.4.3 Instrumente der Kommunikationspolitik

Das Gartenbauunternehmen kann mit einer Vielzahl von Instrumenten Kommunikationspolitik betreiben. Eine Auswahl hiervon zeigt Tabelle 19.

Tab. 19: Instrumente der Kommunikationspolitik

Bereich	Instrumente
Werbung	Mediawerbung Direktmarketing Internetauftritt E-Mail-Marketing (Newsletter)
Verkaufsförderung	Sponsoring Messen und Ausstellungen Event-Marketing
Öffentlichkeitsarbeit	Public Relations (PR)
Persönlicher Verkauf	Persönliche Kommunikation
Mitarbeiterkommunikation	Mitarbeitergespräche Firmenfeiern

Die emotionale Ansprache der Nachfrager wird wichtiger

Verbraucher werden im Alltag mit einer Fülle von Informationen konfrontiert. Um sie mit Informationen und Produktangeboten überhaupt noch erreichen zu können, erhält die emotionale Ansprache dieser Verbraucher immer mehr Bedeutung. Mit Symbolen, Bildern, Galionsfiguren oder Philosophien kann die planmäßige Kommunikationspolitik einen wesentlichen Beitrag dazu leisten, Verbraucher für ein Unternehmen und seine Produkte zu interessieren und sie im Idealfall zu begeistern.

> Beispielsweise entwickelt und kommuniziert der schweizerische Einzelhändler Migros für seine Kunden einen Leitfaden zur erhöhten Lebenslust. Zahlreiche Warengruppen sind einbezogen, auch Obst und Gemüse. Migros vermittelt seinen Kunden mit Hilfe einer Vielzahl von emotional gefärbten kommunikatorischen Maßnahmen, dass sich der Händler ernsthaft um ihr Wohlergehen bemüht.

Damit derartige Ansätze gelingen, müssen Produkte fortlaufend weiterentwickelt werden und sich dabei den Bedürfnissen der Konsumenten kontinuierlich anpassen. Der Kunde soll eine möglichst dauerhafte Beziehung mit dem Produkt und seinem Lieferanten eingehen. Hierfür sind Geduld, Zeit und ausgeprägte Menschenkenntnisse notwendig.

5.4.4 Werbung/Werbeplanung

Werbung soll auf die angebotenen Leistungen eines Unternehmens aufmerksam machen und beim Aufbau eines angestrebten Images helfen. Sie soll bei potenziellen Kunden das Interesse und in der Folge einen Kaufwunsch wecken.

> **Erfolgreiche Werbung erfüllt erfahrungsgemäß die folgenden wichtigen Kriterien:**
> - Sie passt zum Absender.
> - Sie erreicht die richtige(n) Zielgruppe(n).
> - Sie weckt das Interesse, sie erregt Aufmerksamkeit, sie macht neugierig.
> - Sie setzt auf Bilder.
> - Sie ist sympathisch und/oder lustig.
> - Sie ist informativ und sagt dennoch in Kürze alles.
> - Sie gibt dem Kunden einen Grund zum Kaufen.

Werbung kann nach unterschiedlichen Prinzipien gemacht werden:
- Es werden Informationen über die Funktionen und Inhalte sowie den Nutzen

von Produkten oder Dienstleistungen vermittelt.
- Es werden ein oder mehrere Vorteile herausgestellt.
- Es werden Personen oder Figuren vorgestellt, welche die Vorteile oder die Persönlichkeit des Produktes bzw. der Dienstleistung verkörpern.
- Es werden Emotionen vermittelt, beispielsweise dadurch, dass die Sehnsüchte und Lebenseinstellungen der potenziellen Kunden angesprochen werden.
- Es werden Geschichten erzählt.

Werbeplanung

Ausgangspunkt für die Werbeplanung ist die Marketing-Konzeption. Die Tabelle 20 gibt einen Überblick über die wichtigsten Inhalte der Werbeplanung.

Die Copy-Strategie

Eine Copy-Strategie ist eine Basiskonzeption für die Werbung, die sich an den strategischen Festlegungen und den übergeordneten Zielsetzungen eines Unternehmens orientiert. Sie bildet einen Rahmen für die verschiedenen Werbeaktivitäten. Zum einen werden in ihr die wichtigsten Kernaussagen der Werbung festgelegt. Zum anderen trifft sie erste Aussagen über die Auswahl der Werbeträger.

Aufgrund der großen Bedeutung der Präferenzstrategie für die Mehrzahl der Gartenbauunternehmen befasst sich die Copy-Strategie dieser Unternehmen im ersten Schritt mit den Alleinstellungsmerkmalen. Worin besteht der unverwechselbare Nutzen, den das Unternehmen bzw. seine Leistungen bieten? Aus diesen Überlegungen heraus sollte eine Kernbotschaft formuliert werden, welche die wesentlichen Vorteile deutlich macht. Ein weiterer Bestandteil dieser Kernbotschaft sollte sich auf die angebotenen Leistungen beziehen. Diese sollten dabei für die Zielgruppen möglichst greifbar und beurteilbar gemacht werden.

In einem nächsten Schritt werden Zielgruppen sowie deren Erwartungen und Bedürfnisse beschrieben. Schließlich werden die hierauf zugeschnittene Problemlösung des Unternehmens und der hieraus

Tab. 20: Werbeplanung

Inhalte der Werbeplanung	Beispiele
Werbeobjekte	Es kann das Unternehmen als Ganzes oder es können einzelne Leistungen beworben werden: Dabei ist der Lebenszyklus der Leistungen zu beachten.
Werbesubjekte	Zu bewerbende Zielgruppen, basierend auf dem Erkennen der Marketingsituation und den strategischen Festlegungen. Beschreibung anhand von Kriterien wie Kenntnisse, Motive, Einstellungen, Präferenzen, Probleme bzw. Problemlösungswünsche, mögliche Kaufbarrieren. Wichtig: Möglichst geringe Streuverluste! Zum Beispiel Gewinnung von Neukunden. Aus Erstkunden sollen Stammkunden werden. Stammkunden sollen gehalten werden.
Werbeziele	Orientiert an strategischen Festlegungen: Absatzziele, Umsatzziele (Saisonabschnitte, Wochentage, Tageszeiten), Bekanntheitsgrad, Image, Alleinstellungsmerkmale, Profilierung, Förderung der Präferenzbildung.
Werbebudget	Ausgedrückt in Euro sowie in Prozent vom Umsatz.
Werbebotschaften	Eng abgestimmt mit Corporate Identity, zugeschnitten auf die (anvisierten) Zielgruppen.
Werbemittel	Radiospot, Anzeigen, Handzettel, Referenzen von zufriedenen Kunden.
Wirkungskontrolle	Anhand der Umsatzentwicklung oder mit Hilfe von Kundenbefragungen. Allerdings sind hier Verbundkäufe und Bevorratungseffekte zu beachten. Beispielsweise wurde eine bestimmte Pflanze beworben. Der hierdurch angezogene Kunde nahm beim Kauf aber zusätzlich noch einen nicht beworbenen Übertopf mit. Eine beworbene Niedrigpreisaktion sorgt in vielen Fällen kurzfristig für Umsatzsteigerungen. Infolge von Bevorratungen ergibt sich langfristig nur ein geringer Effekt.

Tab. 21: Werbemittel und die beabsichtigte Wirkung

Angestrebte Wirkung / Werbemittel	Bekanntheitsgrad erhöhen	Positionierung (Imagebildung)	Neukunden gewinnen
Anzeigen	Lokalzeitung Kalenderwochen 1, 2, 3 …		
Handzettel			Aktion Neubaugebiet Kalenderwochen 12, 35
Stand auf Gewerbeschau	Kalenderwoche 16	Kalenderwoche 16	
Sponsoring Schulgarten	Pressemitteilung Kalenderwoche 35	Pressemitteilung Kalenderwoche 35	
Zusammenarbeit mit Firmen anderer Branchen, aber gleicher Zielgruppe			Organisation gemeinsamer Veranstaltungen

entstehende Nutzen beschrieben. Dieses Produktversprechen wird anhand objektiver Eigenschaften der betreffenden Leistungen nachvollziehbar gemacht.

Danach wird festgelegt, auf welche Art und Weise die getroffenen Festlegungen durch Werbung kommunizierbar gemacht werden können. Die Nachvollziehbarkeit und Akzeptanz der Aussagen sollte dabei sichergestellt werden. Bereits an dieser Stelle werden die Grenzen der für Gartenbauunternehmen üblicherweise erschwinglichen Werbemittel berücksichtigt.

Schließlich wird der Grundton des Werbeauftrittes festgelegt, der als Basis für die Gestaltung der einzelnen Werbemaßnahmen mit Hilfe von Texten, Farben, Bildern und Musik dient.

Verfeinerung der Werbeplanung

Ein Beispiel für die Verfeinerung der Werbeplanung gibt Tabelle 21. Es handelt sich um eine Aufstellung von Werbemitteln und deren beabsichtigten Wirkung.

Werbebudget festlegen

In der Praxis wird das Werbebudget häufig in Form eines Prozentsatzes, gemessen am Umsatz festgelegt. Im Gartenbau übliche Größenordnungen bewegen sich in einem Bereich von 0,5 bis 5 % vom Jahresumsatz. In Verbindung mit der Liquiditätsplanung ist das Werbebudget auf einzelne jahreszeitliche Abschnitte umzulegen.

Jahreswerbeplan erstellen

Ein Jahreswerbeplan gibt eine Übersicht über die pro Monat geplanten Werbeaktivitäten. Die einzelnen Einträge unterscheiden dabei zwischen den verschiedenen Werbemitteln.

Aktionsplanung/Feinplanung

Der Jahreswerbeplan wird mit Hilfe von Aktionsplanungen konkretisiert. Für die einzelnen Werbemaßnahmen werden neben der Beschreibung der vorgesehenen Maßnahme darüber hinaus Argumentationslinien entwickeln. So können beispielsweise für eine bestimmte Leistung deren besondere Eigenschaften beschrieben werden. Bei Gemüse können die besondere Frische, das volle Aroma und der sich hieraus ergebende Nutzen für den Abnehmer (z. B. ein hoher Gesundheitswert usw.) argumentativ genutzt werden.

5.4.5 Werbegestaltung

Für Werbung lassen sich bestimmte, immer wiederkehrende Grundmuster beschreiben. Teilweise überschneiden sich diese.

Verbreitet ist das lebenswelten-orientierte Grundmuster. Häufig werden Wunsch- oder Traumwelten inszeniert, denen bestimmte Produkte zugeordnet werden, so, als seien sie selbstverständliche Bestandteile dieser Welten. Zu einem Traumgarten gehören dann beispielsweise die Gartenmöbel eines bestimmten Herstellers. Vor allem Unternehmen des Garten- und Landschaftsbaus arbeiten relativ intensiv mit diesem Grundmuster.

Wichtige Werbeaussagen werden auch mit Hilfe geeigneter Symbole verbreitet. Symbole können dabei helfen, Aussagen zu vereinfachen bzw. sie leichter kommunizierbar zu machen. Dabei kommen beispielsweise Tiere oder Comic-Figuren zum Einsatz. Diese symbolisieren die Kernaussagen des Werbenden. Alternativ können auch Prominente oder sonstige glaubwürdige Personen diese Funktion übernehmen.

Beide Grundmuster zielen auf die emotionale Ansprache der Zielgruppen. Sie versuchen, die eigenen Leistungen psychologisch unterscheidbar zu machen, vor allem dann die objektiven Produkteigenschaften weitestgehend identisch sind.

Problemlösungsorientierte Grundmuster stellen den konkreten Nutzen einer Leistung in den Vordergrund. Beispielsweise kann ein Gartengerätehersteller die Zielgruppe Senioren mit der besonders leichten Handhabung der angebotenen Gartengeräte ansprechen. In diesem Fall sind es objektive Merkmale, die eine Leistung von der anderen unterscheidbar machen können.

Auch Mischformen beider Grundmuster kommen in der Werbung zum Einsatz. Um die angestrebten Werbeziele zu erreichen und dabei möglichst unverwechselbar zu bleiben, werden die gewählten Grundmuster der Werbung möglichst durchgängig beibehalten. Gestaltungsmittel für Werbung müssen zusammenpassen. Nur dann können sie das Ziel erreichen, gegenüber den Zielgruppen eine konsistente und somit glaubwürdige Botschaft zu vermitteln.

Weitere formale Gestaltungsmittel sind Zeichen, Farben, Formen, Größen und Proportionen.

Damit die Zielgruppen das Werbemittel rasch wiedererkennen, sollten die prägenden Gestaltungsmittel, wie Logos, Symbole, Slogans und Bilder, möglichst lange unverändert und wiederkehrend eingesetzt werden.

Will ein Gartenbauunternehmen mit Hilfe der Werbung die Ausbildung von Präferenzen fördern, muss die Entstehung von inneren Bildern in den Köpfen der Zielgruppen angestrebt werden. „Bilder, die einen lebendigen Eindruck hervorrufen sollen, müssen assoziationsreich, gestaltfest und eigenständig sein, das heißt, sie müssen sich von konkurrierenden Bildern deutlich abheben" (KROEBER-RIEL und WEINBERG 1996).

Zum Aufbau eines klaren Vorstellungsbildes (Images) ist in der Regel eine Wiederholung von entsprechenden Bildreizen notwendig. Diese können zwar variiert

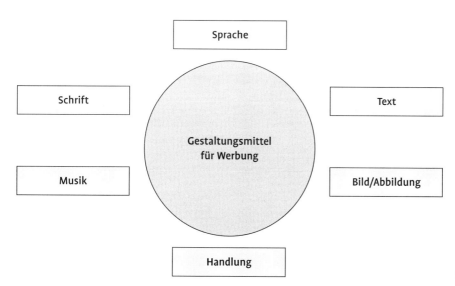

Abb. 24
Grundsätzliche Gestaltungsmittel für Werbung.

79

> **Allgemeingültige Gestaltungs-regeln für Werbung**
>
> **KISS-Regel:** Keep it simple and stupid (frei übersetzt: So einfach wie möglich!)
> Begründung: Innerhalb von 2 Sekunden, mit denen man eine einseitige Werbeanzeige im Durchschnitt betrachtet, kann man nur 7 Informationen sinnvoll verarbeiten. Bilder aktivieren stärker als Texte. Sie werden in der Regel vor Texten beachtet und bei der Informationsaufnahme bevorzugt. Die stärkere Aktivierung sorgt dafür, dass wir uns an Bilder besser erinnern als an Texte. Texte sollten kurz und leicht verständlich sein.
> **MAYA-Regel:** Most advanced yet acceptable: So extrem wie möglich sollte Werbung sein, aber gerade noch akzeptabel. Dahinter steht die Erkenntnis, dass nur die außergewöhnlich gestaltete Werbung Chancen hat, wahrgenommen zu werden. Vor allem junge Leute und „Kreative" bevorzugen Extreme in der Werbung.

werden, entscheidend ist jedoch, das „grundlegende Motiv" beizubehalten.

Logo-Gestaltung

Das Logo ist häufig das wichtigste Erkennungszeichen eines Unternehmens – auf Visitenkarten, Briefbögen, Schildern, an Fahrzeugen, im Internet, in Prospekten, an Messeständen, auf Firmenkleidung und Etiketten – überall befindet sich in der Regel das Logo.

Die Funktion des Logos besteht in erster Linie darin, Blickkontakte herzustellen. Hierfür muss es ins Auge fallen. Es muss kommunizieren: Ich stehe für die Firma XY, die in der Branche YX tätig ist. Damit dies gelingen kann, muss ein Logo einfach gehalten werden. Komplizierte Formen und filigrane Bildelemente sind tabu. Binnen Sekundenbruchteilen muss es erkannt bzw. wieder erkannt werden. Verwendete Schriften sollten klar lesbar sein – auch aus größerer Entfernung. Es muss farbig und in Schwarzweiß wirken, auf Großflächen genauso wie auf dem Briefpapier,

per Fax-Übermittlung (in der niedrigsten Auflösung) genauso wie im Internet.

Anzeigen-Gestaltung

Eine Anzeige besteht aus den vier zentralen Elementen

- Bild (als Blickfang),
- Überschrift (welche die Zielgruppen anspricht),
- Text (mit den eigentlichen Inhalten) sowie
- Logo und Adresse.

Das menschliche Auge reagiert in der Regel zuerst auf Bilder, dann erst auf die Überschrift, das Logo und – zuletzt – den Text. Die durchschnittlich 0,2 Sekunden dauernde Wahrnehmung der erstgenannten drei Elemente entscheidet in der Regel darüber, ob der Leser weiterliest. Ein Erfahrungswert besagt, dass sich zwei Drittel der Leser einer Anzeige gegen das Weiterlesen entscheiden.

Liest der Leser weiter, entfallen bei der 2 Sekunden dauernden Betrachtungszeit einer einseitigen Werbeanzeige 76 % auf das Bild, 16 % auf die Überschrift und nur 8 % auf den Text (HERBST 2004). Bild, Überschrift und Logo bilden ein Wirkungsdreieck und müssen demnach genügend Anreize für das Lesen des Textes bieten. Wird kein Bild verwendet, steigt die Bedeutung der Überschrift entsprechend.

Die Überschrift soll groß und gut lesbar sein. Sie muss beim Blättern sofort ins Auge springen.

Bilder können emotionale Erlebnisse besser vermitteln als Texte. Es entstehen innere Bilder („Imageries"), die in den Köpfen der Betrachter spontan entstehen und wieder abgerufen werden können. Starke und klare Bilder sind sehr verhaltenswirksam.

Anforderungen an Bilder:

- eindeutig, damit die zu transportierende Information sofort aufgenommen werden kann,
- ungewöhnlich,
- sich von den Motiven der Mitbewerber unterscheidend,
- authentisch,
- Vertrauen erweckend und
- sympathisch.

Themenwelten

Ein Unternehmen des Garten- und Landschaftsbaus kann beispielsweise mit Themenwelten werben. Hierbei stehen weniger die verwendeten Produkte und Materialien im Mittelpunkt, sondern die Ausstrahlung der Dienstleistung. Praxisbeispiele hierfür sind Formulierungen wie „Badevergnügen im eigenen Freibad", „Gärten wie ein Urlaub am Mittelmeer", „mediterrane Gartenfeste", „Gärten wie in Italien" oder „ländlich-gemütliche Gärten". Häufig werden derartige Werbemaßnahmen mit weiteren öffentlichkeitswirksamen Veranstaltungen, wie Diavorträgen, Weinproben und dem Angebot von Gartenreisen, verbunden. Die angebotenen Leistungen werden durch diese Themenwelten und hierzu passende Geschichten authentischer und plausibler. Die Zielgruppen erhalten einen leichteren Zugang zum Produkt.

Gerade bei Erstkunden spielt das Image eines Dienstleistungsunternehmens eine sehr große Rolle. Die Absatzanbahnung mit Hilfe der Werbung ist, zeitlich gesehen die erste imagebildende Maßnahme, mit der ein potenzieller Nachfrager Kontakt hat. Allerdings zeigt die Praxis, dass der persönliche Kontakt mit dem Personal eines Dienstleistungsanbieters eine noch wesentlich stärkere imagebildende Wirkung hat als die vergleichsweise unpersönliche Werbung. Das Personal prägt sehr häufig die Qualitätserwartung eines potenziellen Kunden.

Plakate werden meist von mobilen Menschen wahrgenommen: Bilder müssen in der Konsequenz auffällig, groß und eindeutig sein. Der Text sollte maximal fünf Worte beinhalten. Das Logo sollte so groß wie möglich ausfallen. Der Praxistest von Plakaten kann so aussehen, dass das Plakat in Originalgröße ausgedruckt und in den Entfernungen von 25, 50 und 75 m betrachtet wird. Auch bei trüben Lichtverhältnissen müssen das Logo und die Überschrift noch aus 50 m Entfernung klar lesbar sein.

Ist der Ausdruck im Originalformat nicht zu bewerkstelligen, kann auch ein DIN-A3-Ausdruck verwendet werden. Das Größenverhältnis zum Original beträgt dann 1 : 9. Um die Wirkung aus 50 m Entfernung zu testen, kann der Ausdruck in 5,50 m Entfernung aufgehängt werden.

Die häufigsten Gestaltungsfehler:
– Zu viel Text.
– Zu unübersichtlich gestaltet.
– Zu klein (bei Anzeigen).
– Nicht auffällig genug.
– Der Unternehmensname ist zu klein.
– Zu gewöhnlich, zu langweilig, keine Eigenständigkeit: z. B. wird zu häufig das Wort „wir" verwendet.

– Zu wenig Aktivierung; der Kunde wird zu wenig direkt angesprochen (man kann z. B. im Text Fragen an den Kunden richten, die er möglichst mit „ja" beantworten kann).
– Kein Nutzenversprechen (in Bild oder Überschrift): Kunden wollen Vorteile, keine belanglosen Bilder oder Aussagen.

Dienstleistungen bewerben

Die Werbung für Dienstleistungen hat das Problem, Nutzenvorstellungen für eine noch nicht produzierte und nur schwer darstellbare Leistung wecken bzw. erhöhen zu wollen. Sie muss somit das Unsichtbare des Leistungsangebotes sichtbar bzw. erlebbar werden lassen und soll darüber hinaus Vertrauen in das quantitative und qualitative Leistungsvermögen eines Dienstleistungsbetriebes schaffen.

Mund-zu-Mund-Werbung

Wirksame Mund-zu-Mund-Werbung kann von den Unternehmen initiiert und aktiv gestaltet werden. Die Wirksamkeit der Mund-zu-Mund-Werbung beruht darauf, dass potenzielle Kunden häufig eher Empfehlungen ihrer Bekannten und Freunde vertrauen als anderen Werbeaussagen.

Tab. 22: Vor- und Nachteile der Allein- bzw. der Gemeinschafts- und Sammelwerbung

Form der Werbung	Vorteil	Nachteil	Beispiele
Alleinwerbung	Werbung ist einzig auf die eigenen Werbeobjekte und -ziele abgestellt.	Vergleichsweise teuer.	Anzeige eines einzelnen Unternehmens.
Gemeinschaftswerbung	Deutliche Kostenvorteile gegenüber Alleinwerbung und in geringerem Ausmaß auch gegenüber der Sammelwerbung.	Das Werbeobjekt muss zwangsläufig stark verallgemeinert werden; die Namen einzelner Unternehmen sind nicht gekennzeichnet; vielfältige Interessen müssen berücksichtigt werden; Trittbrettfahrereffekte.	CMA-Werbung für Schnittblumen. BGL wirbt für den Beruf des GaLaBauers.
Sammelwerbung	Die Namen einzelner Unternehmen sind gekennzeichnet; die Werbeobjekte können konkreter beschrieben werden; im Vergleich zur Gemeinschaftswerbung lassen sich Interessenskonflikte leichter lösen; Kostenvorteile gegenüber der Alleinwerbung.	Kostennachteile gegenüber der Gemeinschaftswerbung. Es können nicht nur die eigenen Werbeobjekte und -ziele berücksichtigt werden.	Handwerksbetriebe einer Region werben für ihre Dienstleistungen.

Damit kommt die Mund-zu-Mund-Werbung auch der Bequemlichkeit vieler Nachfrager entgegen, die schon vorgeprägte Informationen, fertige Meinungen und Bewertungen übernehmen wollen.

Eine emotional geprägte Geschichte oder ein bemerkenswertes Detail der eigenen Leistung kann beispielsweise bewirken, dass ein Kunde im Bekanntenkreis gern und begeistert vom Unternehmen erzählt. In Frage kommende Kunden sollten aktiv dazu eingeladen werden, das eigene Unternehmen weiterzuempfehlen.

Gemeinschafts- und Sammelwerbung

Bei der Gemeinschafts- und Sammelwerbung werben mehrere Unternehmen gemeinsam für ihre Werbeobjekte. Bei der Gemeinschaftswerbung ist es für den Umworbenen nicht sichtbar, welche Unternehmen gemeinsam werben. Demgegenüber treten bei der Sammelwerbung Unternehmen offen mit ihren Firmennamen oder mit der Bezeichnung ihrer Leistung auf (siehe Tab. 22).

5.4.6 Direktmarketing

Alle Formen der direkten und individuellen Ansprache von Zielgruppen kann man dem Direktmarketing zuordnen. Dabei muss es nicht zwingend um den direkten Verkauf von Leistungen gehen, sondern häufig steht eher das Ingangsetzen eines Dialoges mit den Zielgruppen im Vordergrund. Dieses Dialogmarketing ist meist so geplant, dass aufeinander aufbauende Ansprache- und Reaktionsphasen, sogenannte Kontaktketten, in Gang gesetzt werden sollen. Hiermit ist eine möglichst lang anhaltende Kundenbindung beabsichtigt, die fortlaufend verstärkt werden soll.

Die spezifischen Vorteile des Direktmarketings sind nach BECKER (2001):
- Die zielgerichtete Ansprache von Käufergruppen (entweder auf der Basis von Adressenlisten oder Ansprache in Massenmedien mit Responsemöglichkeiten).
- Die Sammlung und Analyse kundenindividueller, marketing-relevanter Kundendaten.
- Die individualisierte Ansprache des einzelnen Kunden auf der Grundlage spezifischer Kundenmerkmale.
- Die genaue Messbarkeit des Erfolgs von Direktmarketing-Maßnahmen.

Das Direktmarketing macht die Verwendung von Adress-Datenbanken erforderlich. In diesen sind zusätzlich zu den Adressen in erster Linie sozio-demografische Daten sowie Angaben über das Kaufverhalten der betreffenden Zielgruppen enthalten (Database-Marketing).

Die Adressen der Kunden bzw. Interessenten können aus internen Quellen stammen (z. B. aus der eigenen Marktforschung) oder extern bezogen werden (z. B. über Adressenverlage oder sogenannte Listbroker). Wichtig ist, dass die mit Hilfe von Direktmarketing-Maßnahmen erzielten Ergebnisse in die Datenbank einfließen. Damit entsteht ein Informationskreislauf, der Möglichkeiten zur Aktualisierung sowie zur Verfeinerung der Kundendaten bietet. Stattgefundene Kontakte und die entsprechenden Kundenreaktionen müssen fortlaufend dokumentiert und bei nachfolgenden Direktansprachen berücksichtigt werden. Dadurch kann die Kundenansprache fortlaufend ständig individualisiert werden.

Möglichkeiten der direkten Kundenansprache

Die Tabelle 23 zeigt beispielhaft einige Möglichkeiten für die direkte Kundenansprache.

E-Mail-Marketing

Mit Hilfe des E-Mail Marketings soll ein schneller und informativer Dialog mit Kunden aufgebaut werden. Die Kunden müssen diesem Dialog vorher ausdrücklich zugestimmt haben. Die Kommunikationskosten sind niedrig, der Dialog erfolgt schnell und kann individuell auf die Präferenzen des Empfängers zugeschnitten werden. Gegenüber der herkömmlichen Werbung ist die Erfolgskontrolle wesentlich erleichtert, da man registrieren kann, welche Botschaft gelesen wurde und welche nicht. Hieraus lassen sich Erkenntnisse für den zukünftigen Dialog mit einem bestimmten Kunden ableiten.

E-Mail-Marketing ermöglicht die Verbesserung der Kundenkommunikation, die Akquisition neuer Kunden sowie die Bindung zu bestehenden Kunden.

Ein E-Mail-Newsletter kann dabei helfen, mit den Zielgruppen in regelmäßigem Kontakt zu bleiben. Er muss unkompliziert kündbar und für die Zielgruppen relevante, die Aufmerksamkeit weckende Inhalte sowie kurze Texte und Bilder enthalten. Newsletter werden dann gelesen, wenn sie dem Leser einen konkreten Nutzen stiften. Dieser kann beispielsweise darin bestehen, dass man beworbene Ware direkt und bequem online bestellen kann.

Eine Besonderheit des E-Mail-Marketings liegt in der Notwendigkeit, die sogenannten Spam-Filter der Zielgruppen zu

Tab. 23: Möglichkeiten der direkten Kundenansprache

Direkte Kundenansprache mit . . .	Beispiele
Werbesendungen (Mailings)	Produktangebote, Informationsangebote, Werbebriefe, Prospekte, Kataloge, besondere Angebote
Verkaufsförderungsaktionen	Produktproben, Warengutscheine, Preisausschreiben/Gewinnspiele, Werbegeschenke, Sonderaktionen
Einladungen zu Veranstaltungen	Vorträge, Seminare, Kulturveranstaltungen, Produktpräsentationen, Tag der offenen Tür
Telefon	Hotline, Produktangebote, Informationsangebote, Besuchsankündigungen, Nachfassaktionen, Serviceangebote
persönlichen Kontakten	Kundenbesuche, Messen/Ausstellungen, Kundenberatung, Kundendienst, Reklamationen/Beschwerden
sonstiger Kommunikation	Zusendung von Geschäftsberichten, Kundenzeitschriften, Glückwunsch- und Grußkarten
elektronischen Kommunikationsmedien	Internet, E-Mail, Fax, DVD, iPod, SMS
Kundenclubs	Club-Magazine, Club-Karten, Bonusprogramme, Club-Mitteilungen, Club-Treffen, Club-Angebote

überwinden. Nur wenn dies gelingt, hat der angeschriebene Kunde die Möglichkeit, die zugesandte Mail überhaupt zu erhalten. Hierzu sind Absprachen mit den Kunden zu treffen.

5.4.7 Internetauftritt

Die Planung des Internetauftrittes befasst sich im ersten Schritt mit strategischen Überlegungen. Hierbei geht es um Fragen wie:

- Wie ist die Position der eigenen Produkte bzw. Leistungen?
- Welche Eigenschaften weisen diese auf? Wie unterscheiden sie sich von denen anderer Anbieter?
- Welche Internetauftritte von Mitbewerbern sind überzeugend? Warum?

Suchmaschinen

Im nächsten Schritt sind die Ziele des eigenen Internetauftrittes zu klären: Verkaufen? Alle Produkte oder nur bestimmte? Nur informieren? Aufmerksamkeit auf sich ziehen? Imagepflege? Öffentlichkeitsarbeit? Die Kundenfrequenz erhöhen? Neue/Andere Kunden ansprechen? Bestehende Kunden binden?

Dabei muss auch geprüft werden, wie die beschriebenen Ziele bisher und ohne Internet verfolgt wurden. Kann der Internetauftritt dabei helfen, bestimmte Ziele zu erreichen?

Schließlich sollte man sich über die anvisierten Zielgruppen und deren Interessen, Bedürfnisse und Erwartungen Gedanken machen, insbesondere in Bezug auf die angestrebte Nutzung des eigenen Internetangebotes. Die zentrale Frage lautet: Worin liegt der Nutzen des Internetauftrittes für die Zielgruppen? Was kann sie zum Wiederkommen bewegen? Sind es beispielsweise Informationen, die der Leser sonst nirgendwo bekommt? Wie aktuell müssen diese Informationen gehalten werden?

Zur Planung gehört auch die Frage, welches Budget für die Erstellung und Pflege des Internetauftrittes bereitgestellt werden soll. Häufig ist der Aufwand an Zeit und Geld für das Bekanntmachen des eigenen Internetauftrittes ähnlich groß, wie für die Erstellung desselben. Für diesen Zweck wird Online-Werbung und Offline-Werbung eingesetzt.

Beim Verfassen und Gestalten von Inhalten muss beachtet werden, dass Webseiten in der Regel nicht gelesen, sondern nur überflogen werden. In einem Schnellverfahren tasten die Augen des Lesers einen Text ab und bleiben nur an besonders auffälligen Stellen hängen.

Der Name des Internetauftrittes (Domain-Name) sollte möglichst kurz und prägnant sein. Taucht die Branche schon im Namen auf, steigen die Chancen, von Suchmaschinen gefunden zu werden. Es ist ebenfalls möglich, mehrere Namen zu reservieren, die zum gleichen Internetauftritt führen. Spezielle Dienstleister bieten den kostenfreien oder kostenpflichtigen Eintrag in Suchmaschinen an. Auch der Selbsteintrag ist möglich, was vor allem bei branchenspezifischen Suchdiensten sinnvoll sein kann.

Die technische Gestaltung des Internetauftrittes hat Einfluss auf die Wahrscheinlichkeit, von Suchmaschinen gelistet zu werden. Da sich die entsprechende Technik in einer rasanten Entwicklung befindet, sollte man sich diesbezüglich regelmäßig von Fachleuten beraten lassen. Auch – funktionierende – Links von externen Seiten auf die eigenen Seiten verbessern die Position auf der Trefferliste von Suchmaschinen.

5.4.8 Öffentlichkeitsarbeit (Public Relations – PR)

Die Aufgabe der Öffentlichkeitsarbeit besteht darin, die Öffentlichkeit über das eigene Unternehmen zu informieren. Auf diese Weise soll eine Vertrauensgrundlage zwischen dem Unternehmen und der Öffentlichkeit aufgebaut werden. Die PR ist ein wichtiges, die Werbung ergänzendes Instrument, um die angestrebte Profilbildung zu unterstützen. Der möglichst gute Ruf und die Kompetenz des Unternehmens sollen mit Hilfe der PR regelmäßig herausgestellt werden.

Unternehmen haben eine Mitverantwortung für gesellschaftliche Entwicklungen. Die Öffentlichkeit erwartet von ihnen, dass sie sich an übergeordneten, ge-

Tab. 24: Zielgruppen für die Öffentlichkeitsarbeit

Externe Zielgruppen	Interne Zielgruppen
Fremdkapitalgeber	Eigentümer
Lieferanten	Führungskräfte
Kunden	Weitere Mitarbeiter/innen
Konkurrenten	
Öffentliche Stellen, z. B. Fachverwaltungen	
Gesellschaft	

sellschaftsbezogenen Zielen orientieren. Die Aufgabe des Unternehmens als verlässlicher Arbeitgeber spielt dabei eine zentrale Rolle. Ein weiteres öffentliches Interesse kann beispielsweise darin bestehen, dass das Gartenbauunternehmen umweltverträglich wirtschaftet. Diese Erwartungshaltung erfordert den aktiven und offenen Dialog der Unternehmen mit der Öffentlichkeit.

Zielgruppen für die Öffentlichkeitsarbeit

Die Tabelle 24 führt beispielhaft mögliche externe und interne Zielgruppen für die Öffentlichkeitsarbeit auf.

Um all die aufgeführten „Teil-Öffentlichkeiten" miteinander in Einklang zu bringen, ist ein auf den Marketingzielen beruhendes Konzept für die PR-Arbeit notwendig. In einem solchen Konzept sind beispielsweise die Kernbotschaften und die wichtigsten Aussagen enthalten. Diese sollen dazu beitragen, dass das nach innen und außen vermittelte Bild des Unternehmens einheitlich ist.

Instrumente der Öffentlichkeitsarbeit (PR)

Tabelle 25 gibt eine Übersicht über mögliche Instrumente der Öffentlichkeitsarbeit.

5.4.9 Verkaufsförderung

Die Aufgabe der Verkaufsförderung besteht in der Unterstützung des Verkaufs der angebotenen Leistungen. Hierfür werden Maßnahmen geplant und ergriffen, welche die Kunden an die Leistungsangebote heranführen. Unter Kunden kann der indirekt absetzende Gartenbauunternehmer in diesem Zusammenhang auch die für ihn bedeutsamen Absatzmittler verstehen. Dennoch steht bei den nachfolgenden Ausführungen der direkt absetzende Gartenbauunternehmer im Vordergrund.

Die Verkaufsförderung im direkten Absatz steht häufig in enger Verbindung zu

Tab. 25: Instrumente der Öffentlichkeitsarbeit

Instrument	Beispiele
Klassische PR	Planmäßige Information der Medien, Pressemitteilungen, Pressegespräche, Informationsmaterialien, persönlicher Dialog mit Medienvertretern und Meinungsführern
PR-Werbung	Meist bei Krisen eingesetzt, z. B. wirtschaftlichen oder umweltbezogenen Problemen; Inhalt: offenes Bekenntnis zu den Problemen und Darstellung der zur Lösung ergriffenen Maßnahmen
PR-Veranstaltungen	Medienberichte über Tag der offenen Tür, Ausstellungen, Seminare, Fachtagungen, Jubiläumsveranstaltungen
PR-Dokumentationen	Festschriften

Aktionen

anderen absatzpolitischen Maßnahmen, beispielsweise der Preispolitik (Sonderangebote) oder der Werbung (Produktwerbung in Anzeigen). Auch die Art und Weise des persönlichen Verkaufs (Beratungsgespräche) ist untrennbar mit der Verkaufsförderung verbunden.

Im Zentrum der Verkaufsförderung stehen die angebotenen Leistungen und der Nutzen, den diese den Abnehmern stiften. Auf diese Leistungen soll die Verkaufsförderung aufmerksam machen, sie soll über diese informieren, sie soll die Kunden zu den Leistungen hinführen und schließlich soll sie zum Kauf anregen.

Beispiele für Verkaufsförderungsmaßnahmen:
- Gewinnspiele,
- Aktivitäten am Point of sale (POS), z. B. Displays, Deckenhänger, Ausgabeboxen für Teilnahmekarten, Dekorationsmittel,
- Sonderpreise, Sonderkonditionen,
- Verkostungsaktionen, Probierpackungen,
- Zweitplatzierungen, Sonderplatzierungen,
- Regalstopper, Regalbeschickung und -pflege,
- Ladenfunk, Computer, Fernseher.

Äußeres Erscheinungsbild

Das äußere Erscheinungsbild des Gartenbauunternehmens

Die gezielte Gestaltung des äußeren Erscheinungsbildes eines Gartenbauunternehmens ist ein wichtiger Bestandteil der Kommunikationsmaßnahmen. Sollen die eingesetzten Gestaltungsmittel die Präferenzbildung für das Unternehmen unterstützen, liegt es nahe, mit den Schriftzügen, Farben und Symbolen zu arbeiten, die das Unternehmen auch an anderen Stellen repräsentieren. Die in Frage kommenden Zielgruppen eines Unternehmens sollen auf die gestalterischen Maßnahmen aufmerksam werden und diese als ansprechend empfinden.

Das Organisieren und Durchführen von Aktionen (Events) soll im Rahmen der Kommunikationsstrategie einen Beitrag zur Kundenbindung, Imageverbesserung sowie zum Gewinnen neuer Kunden leisten. Ein Jahresplan legt die einzelnen Aktionen fest und ist die Grundlage für ein planvolles Vorgehen.

Mit Aktionen soll die Aufmerksamkeit der Öffentlichkeit auf die Leistungsangebote des Unternehmens gelenkt werden. In der Regel wird den Interessierten dabei eine Mischung aus Unterhaltung und Information geboten.

Der Veranstaltungsort kann, muss aber nicht in der Betriebsstätte liegen. An anderen Orten erreicht man möglicherweise bislang noch nicht angesprochene Zielgruppen.

Es hat sich bewährt, wenn der Ablauf der Aktion in Form eines Regieplanes festgelegt („inszeniert") wird. Einem stimmungsvollen Auftakt folgen Programmpunkte, die zur Steigerung der Spannung beitragen. Wie in einem Film wird nach einem vorläufigen Höhepunkt zunächst noch ein Verzögerungsmoment eingebaut, bevor die Aktion mit einem krönenden Abschluss endet.

Im Gartenbau verbreitete Beispiele für Aktionen sind Tage der offenen Tür, Informationsschauen, die Führung von Schulklassen sowie Workshops und Lehrgänge. Der mit der Planung und Durchführung verbundene Aufwand legt eine Zusammenarbeit mit anderen Unternehmen nahe.

Persönlicher Verkauf

Die Erwartungen und Wünsche, die der Kunde an den Facheinzelhandel hat, sind:
- die individuelle Bedienung und Betreuung,
- eine fachlich kompetente Beratung sowie
- Erlebniskäufe durch Atmosphäre.

Durch die individuelle Bedienung und Betreuung erfährt der Kunde im Fachgeschäft einen wohltuenden Gegenpol zum Einkauf in anonymeren Einzelhandelsstätten. In der Regel ist mit dem Besuch im Fachgeschäft der Anspruch verbunden, dort auf der Basis einer kompetenten fachlichen Beratung eine maßgeschneiderte Lösung zu erhalten.

Dies sicherzustellen, ist Aufgabe der Personalwirtschaft. Ihr Planen und Handeln orientiert sich an den strategischen Festlegungen des Unternehmens. Die entscheidenden Ansatzpunkte einer erfolgreichen Personalwirtschaft sind die Auswahl, die Fortbildung und die Motivation geeigneter Mitarbeiter. Die Aufbauorganisation hat für den geeigneten Rahmen zu sorgen, der die Kompetenzen des Personals am wirkungsvollsten zur Entfaltung bringt (BAHNMÜLLER et al. 2003).

Verkaufs- und Servicekräfte müssen über drei Kompetenzbereiche hinweg fortgebildet werden:

1. Unternehmens-, Produkt- und Marktwissen,
2. Gestaltung von Verkaufs- und Überzeugungsprozessen,
3. Organisation der Verkaufsarbeit.

Gut geführte Verkaufs- und Beratungsgespräche hinterlassen bei den Kunden einen nachhaltig positiven Eindruck. Sie sind von zentraler Bedeutung bei der Wahl der Einkaufsstätte bzw. von Leistungsanbietern. Vor allem fachliche Mängel sowie der allzu offensichtliche Vorrang der Verkaufsabsicht vor dem Ziel der ehrlichen Beratung sind die Gründe, die häufig zu eher schlechten Eindrücken bei den Kunden führen.

Der Kunde sollte nach dem Verkaufs-/Beratungsgespräch mindestens einen entscheidenden Punkt im Gedächtnis haben, der das eigene Unternehmen von den Wettbewerbern unterscheidet (Alleinstellungsmerkmal).

Sponsoring

Ein Gartenbauunternehmen kann Sponsoring betreiben, indem es z. B. Geld, Sachmittel und/oder Dienstleistungen für Personen oder Organisationen bereitstellt. Der Unterschied zur Spende besteht darin, dass der betreffenden Leistung des Unternehmens eine Gegenleistung des Empfängers gegenübersteht. Diese Gegenleistung kann beispielsweise darin bestehen, dass der Gesponserte den Sponsor bei seinen öffentlichkeitswirksamen Aktivitäten und in den entsprechenden Publikationen namentlich erwähnt.

Sponsoring kann den Gartenbauunternehmen insbesondere dann Marktvorteile verschaffen, wenn die Zielgruppen der öffentlichkeitswirksamen Aktivitäten des Gesponserten mit den Zielgruppen des Unternehmens übereinstimmen.

Positive Imageeffekte können dann erwartet werden, wenn das Image des Sponsoring-Engagements förderlich für das angestrebte Image des Gartenbauunternehmens ist. Hierbei spielt die Glaubwürdigkeit eine große Rolle.

5.4.10 Kommunikation nach innen

Für Spitzenleistungen benötigen Gartenbauunternehmen Spitzenmitarbeiter. Nur ein bis in die Fußspitzen motiviertes und am richtigen Platz eingesetztes Personal ist dauerhaft bereit, die von den meisten Unternehmen angestrebten Alleinstellungsmerkmale zu verinnerlichen und in der täglichen Praxis anzuwenden.

Absichtserklärungen, wie sie die Beispielbetriebe in ihren Corporate Identities formuliert haben, müssen im Berufsalltag vorgelebt werden. Insbesondere den Familienmitgliedern kommt hierbei eine zentrale Vorbildrolle zu. Sind mit den einzelnen Mitarbeitern Ziele abgesprochen und werden diese kontrolliert? Wie werden Informationen weitergegeben? Wie eindeutig und wie genau? Besteht Einigkeit und Klarheit über das Aufgabenverständnis einzelner Mitarbeiter?

Ist mit dem Service- und Beratungspersonal beispielsweise abgesprochen, wer für die Beobachtung der Kunden sowie die Dokumentation wichtiger Informationen über die Kunden verantwortlich ist? Gibt es Richtlinien und Regeln für den Umgang mit den Kunden? Werden diese mit Trainingsmaßnahmen unterstützt? Gibt es Anreizsysteme für kundenorientiertes Verhalten?

Gesprächsführung

Unternehmerfamilie in der Verantwortung

5.4.11 Die Kommunikationspolitik der Beispielbetriebe

Nachfolgend werden die in Tabelle 26 bisherigen Aussagen auf die konkrete Situation der Beispielbetriebe des Produktions- und Dienstleistungsgartenbaus übertragen.

Tab. 26: Die Kommunikationspolitik der Beispielbetriebe

Bestandteile der Kommunikations- politik	Einzelhandelsgärtner Meier	Gemüseproduzent Schmitt	GaLaBauer Müller
Corporate Identity: Kommunikation nach außen	Der kreative Pflanzenspezialist.	Frisches und gesundes Gemüse – mit Sorgfalt und Rücksicht auf die natürlichen Lebensgrund- lagen angebaut.	Gute Ideen und höchste Quali- tät!
Kommunikation nach innen (vgl. Basis- und Handlungsziele)	Nur hoch motivierte Mitarbeiter können überzeugend beraten. Gute Führung trägt ihren Teil dazu bei.		Unsere Mitarbeiter sind das Fundament unseres Unterneh- mens. Gute Führung stärkt das Unternehmen.
Werbung: Zielgruppen	Frauen im Alter von 30 bis 75 Jahren. Pflanzenliebhaber.	Einkäufer des Großhandels.	Haushalte mit überdurch- schnittlich hohen Einkommen.
Werbeziele	Zusätzlich zum Frühjahr weitere Saisonhöhepunkte schaffen. Bekanntheitsgrad ausbauen. Profilierung als kreativer Ideen- lieferant.	Profilierung als zuverlässiger und servicestarker Lieferant von frischen und gesundheitsför- dernden Nahrungsmitteln.	Bekanntheitsgrad ausbauen. Profilierung als zuverlässiger und kreativer Gestalter.
Werbebudget	5 % vom Jahresumsatz	Flächenbezogene Abgaben an die CMA.	3 % vom Jahresumsatz.
Werbemittel	Radiospots, Anzeigen, Hand- zettel, aktiv geförderte Mund- zu-Mund-Werbung.	Mund-zu-Mund-Werbung.	Anzeigen, Handzettel, aktiv geförderte Mund-zu-Mund- Werbung.
Wirkungskontrolle	Kundenbefragungen.		Kundenbefragungen.
Copy-Strategie	Kernaussagen der Werbung: Ihr Zuhause wird durch unsere Ideen lebenswert. Wir sind Ihr Pfadfinder für pfiffige Kreatio- nen.	Wir bieten größtmögliche Sicherheit! Unsere Produkte sind frisch, rückstandsfrei und sorgfältig sortiert.	Kernaussagen der Werbung: Eine exklusive und repräsenta- tive Gestaltung für ihr Zuhau- se, maßgeschneidert und voller Ideen.
Direktmarketing	Kundenadressen werden syste- matisch bei Gewinnspielen und dem Ausstellen von Geschenk- gutscheinen gesammelt und in Datenbank eingepflegt. Kunden erhalten nach Einwilligung monatlich einen Newsletter per E-Mail zugesandt. Der Dialog mit den Kunden per E-Mail soll zukünftig intensiviert werden.		Kundenadressen werden syste- matisch bei Gewinnspielen gesammelt und in Datenbank eingepflegt. Kunden erhalten nach Einwilligung monatlich einen Newsletter per E-Mail zu- gesandt. Der Dialog mit den Kunden per E-Mail soll zukünf- tig intensiviert werden.
Internet	Der Internetauftritt wird zur Selbstdarstellung genutzt. Er soll zur leichteren Erreichbarkeit des Unternehmens mithelfen, Mitarbeiter persönlich vorstellen und zur Profilierung beitragen.		Der Internetauftritt wird zur Selbstdarstellung genutzt. Er soll zur leichteren Erreichbar- keit des Unternehmens mithel- fen, Mitarbeiter persönlich vor- stellen und zur Profilierung bei- tragen.

Tab. 26: (Fortsetzung)

Bestandteile der Kommunikations-politik	Einzelhandelsgärtner Meier	Gemüseproduzent Schmitt	GaLaBauer Müller
Öffentlichkeitsarbeit, Aktionen	Der Kontakt zu den Journalisten der für das Marktgebiet in Frage kommenden Pressemedien wird intensiv gepflegt. Dabei wird darauf geachtet, dass die beabsichtigte Profilierung als Ideen-lieferant durch die Berichte in der örtlichen Presse unterstützt wird. Einmal pro Jahr Tag der offenen Tür. Mehrere Ausstellungen, u. a. mit Brautschmuck im benachbarten Audi-Autohaus.	Einmal pro Jahr Teilnahme am landesweiten Projekt „Gläserne Produktion".	Der Kontakt zu den Journalisten der für das Marktgebiet in Frage kommenden Presse-medien wird intensiv gepflegt. Dabei wird darauf geachtet, dass die beabsichtigte Profilierung als kreativer Gestalter durch die Berichte in der örtlichen Presse unterstützt wird. Teilnahme an regionaler Handwerksmesse.
Sponsoring	Frühjahrs- und Herbstdekoration im Foyer des örtlichen Altenheims. Lieferung von Jungpflanzen für drei Schulgärten im Marktgebiet.	Beteiligung an Aktion des Landesverbandes für gesunde Schulverpflegung.	Materiallieferung für drei Schulgärten im Marktgebiet.
Verkaufsförderung	Nutzung von Displays, Deckenhängern und sonstigen Dekorationsmitteln in den Verkaufsräumen. Zweitplatzierungen. Regelmäßiges Veranstalten von Gewinnspielen.		
Äußeres Erscheinungsbild	Gut lesbare Fassadenbeschriftung in den Firmenfarben. Beeindruckende Bepflanzungen. Absolut sauber.	Auf Sauberkeit wird viel Wert gelegt.	Gut lesbare Fassadenbeschriftung in den Firmenfarben. Mustergärten. Absolut sauber.
Persönlicher Verkauf	Bei der Einstellung von Mitarbeitern wird stark auf die kommunikativen Kompetenzen geachtet. Das Verkaufspersonal wird systematisch weitergebildet. Es wird als wesentliche Stütze für die angestrebte Profilierung betrachtet.		Bei der Einstellung von Mitarbeitern wird stark auf die kommunikativen Kompetenzen geachtet. Das Servicepersonal wird systematisch weitergebildet. Es wird als wesentliche Stütze für die angestrebte Profilierung betrachtet.
Kommunikation nach innen	Regelmäßig werden Mitarbeiterbesprechungen in der Gruppe und einzeln durchgeführt. Es werden individuelle Ziele mit den Mitarbeitern vereinbart und die Zielerreichung wird überprüft.		Regelmäßig werden Mitarbeiterbesprechungen in der Gruppe und einzeln durchgeführt. Es werden individuelle Ziele mit den Mitarbeitern vereinbart und die Zielerreichung wird überprüft.

Anhang

Glossar

Alleinstellungsmerkmal – Mit Hilfe eines oder mehrerer Merkmale versucht sich ein Unternehmen so am Markt zu positionieren, dass eine gewisse Einzigartigkeit (Alleinstellung) für die Zielgruppen wahrnehmbar wird.

Break-Even-Punkt – Es gibt Auskunft darüber, ab welcher Absatzmenge und Umsatzhöhe die Gesamtkosten einer Leistungserstellung gedeckt sind und somit die Gewinnschwelle erreicht ist.

BtoB (business to business) – Geschäft zwischen zwei Unternehmen, z. B. beim indirekten Absatz. Das passende Wortpaar lautet BtoC (Business to Consumer), das Geschäft eines Unternehmens mit einer Privatperson, z. B. beim direkten Absatz.

Copy-Strategie – An den Marketingzielen und strategischen Festlegungen orientierte Basiskonzeption für die Werbung eines Unternehmens.

Corporate Identity (CI), Corporate Design, Corporate Behavior, Corporate Communication – Corporate steht für ein Unternehmen. Auf der Basis von grundlegenden Festlegungen (Mission, Vision) wird anhand der CI mit ihren drei Bestandteilen C. Design, C. Behavior (engl. Verhalten) und C. Communication die Identität des Unternehmens beschrieben. Diese Form der Selbstdarstellung kommuniziert die „Persönlichkeit" eines Unternehmens nach innen und nach außen.

Database-Marketing – In speziellen EDV-Programmen werden Kundendaten für die mikrogeografische Marktsegmentierung und das Direktmarketing hinterlegt. Versandhäuser speichern mit Hilfe solcher Programme beispielsweise Daten über das individuelle Bestellverhaten einzelner Kunden.

Dialogmarketing – Das um die Aufmerksamkeit des Abnehmers werbende Unternehmen versucht, die Kommunikation im Rahmen des Direktmarketings so zu intensivieren, dass es mit ihm ins Gespräch und somit anhand der Kundenantworten zu mehr Informationen über Bedürfnisse und Präferenzen kommt. Dieses Dialogmarketing ist meist so geplant, dass aufeinander aufbauende Ansprache- und Reaktionsphasen, sogenannte Kontaktketten, in Gang gesetzt werden sollen. Hiermit ist eine möglichst lang anhaltende Kundenbindung beabsichtigt, die fortlaufend verstärkt werden soll. Hilfsmittel sind neben dem Telefon als Hauptinstrument auch Verlosungen, kleine Geschenke und Einladungen zu Veranstaltungen.

Diversifikation – Aufnahme von neuen, meist art- oder bedarfsverwandten Leistungen durch ein Unternehmen zur Erweiterung der Angebotspalette.

E-Commerce – Abkürzung für Electronic Commerce. Der elektronische Handel kann beispielsweise mit Hilfe eines Internetauftrittes durchgeführt werden.

ENGELsches Gesetz – Es beschreibt die Beziehung zwischen der nachgefragten Menge für ein bestimmtes Gut und der Veränderung der Einkommen. Privathaushalte mit relativ niedrigen Einkommen geben beispielsweise einen relativ höheren Anteil ihres Einkommens für Nahrungsmittel aus und werden somit durch Preiserhöhungen entsprechend stärker benachteiligt.

Events – Systematisch geplante Veranstaltungen, die einen Beitrag zur Erreichung der Kommunikationsziele (z. B. Kundenbindung oder die Gewinnung neuer Kunden) leisten sollen.

Käufermärkte – In Käufermärkten dominieren die Nachfrager das Marktgeschehen. Grund hierfür ist, dass mehr Angebotsmengen am Markt sind als Nachfrage vorhanden ist.

Kritische Ereignisse – Die Befragung von Kunden nach außergewöhnlichen Erfahrungen mit dem eigenen Unternehmen kann interessante Informationen liefern. Die Einstiegsfrage lautet entsprechend, ob der Kunde bereits außergewöhnlich positive oder negative Erfahrungen mit dem Unternehmen gemacht hatte. Im Falle der Bejahung wird der Befragte gebeten, diese zu beschreiben. Dabei werden Zusatzfragen gestellt. Zum Beispiel: Was passierte genau? Wer in der Firma machte dabei was? Wo fand dies statt? Haben Sie sich damals beschwert? Welche Konsequenzen ziehen Sie aus dem Vorfall? Diese Art der Befragung kann u. a. Hinweise auf Qualitätsmängel, Verbesserungsmöglichkeiten und Bedarf für die Mitarbeiterschulung liefern.

Marketingkonzeption – Ein auf der Basis von Marktanalysen entwickelter Leitplan, der sich an Marketingzielen orientiert, eine Aussage über Strategien trifft und darauf basierend geeignete Maßnahmen im Marketingmix festlegt.

Marktpotenzial, Absatzpotenzial, Marktvolumen, Absatzvolumen, Marktanteil – Das Marktpotenzial ist eine Messgröße, welche die Anzahl aller möglichen Käufer, die Summe aller möglichen Nachfragemengen oder der nachgefragten Werte angibt. Das Absatzpotenzial ist der Teil vom Marktpotenzial, den ein einzelnes Unternehmen maximal absetzen kann. Das Marktvolumen gibt Auskunft darüber, welche Absatzmengen oder -werte in einem bestimmten Zeitraum in einem bestimmten Marktgebiet tatsächlich abgesetzt wurden. Das Absatzvolumen bezeichnet die entsprechende Menge bzw. die Werte, die ein einzelnes Unternehmen in einem bestimmten Zeitraum in seinem Marktgebiet absetzen konnte. Der Marktanteil eines Unternehmens bestimmt sich aus dem prozentualen Anteil des Absatzvolumens am Marktvolumen.

Marktsegmentierung – Aufteilung eines Gesamtmarktes in Untergruppen (Marktsegmente). Ziel ist die segmentspezifische Bearbeitung des Marktes.

Mission – Die für ein Unternehmen gültigen Basisannahmen und wichtigen Werte können in einer Mission griffig zusammengefasst werden.

Moderierte Gruppendiskussion – Die Vorteile dieser Marktforschungsmethode liegen in der Möglichkeit der Strukturie-

rung der Diskussion und somit der gezielten Hinlenkung der Diskussionsbeiträge zu Schlüsselthemen. Eine geeignete Fragetechnik kann die Teilnehmer aus der Reserve locken. Eine gute Gruppenatmosphäre kann zu einer großen Vielfalt an Informationen und Ideen führen.

Panels – Ist eine mehrmalige, meist schriftliche Befragung eines gleich bleibenden Personenkreises nach dem Konsumverhalten.

Preisbündelung – Leistungen kann man einzeln oder auch in Bündeln (Leistungspaketen) anbieten. Für Leistungspakete wird dann ein Gesamtpreis angesetzt, der meist geringer ist als die Summe der Einzelpreise.

Preisdifferenzierung – Für im Prinzip gleiche Leistungen werden von den Anbietern unterschiedlich hohe Preise verlangt. Hintergrund ist, dass der Nutzen und Wert der Leistung und somit auch die Zahlungsbereitschaft je nach Kunde und Marktsegment verschieden hoch sind.

Preiselastizität – Die Preiselastizität der Nachfrage misst die Reaktionsempfindlichkeit der Nachfrager auf Preisänderungen. Leicht austauschbare Leistungen werden relativ preiselastisch nachgefragt. Analog spricht man von der Preiselastizität des Angebots, wenn man die Reaktionsempfindlichkeit der Anbieter auf Preisveränderungen zahlenmäßig beschreibt.

Primärerhebung Sekundärerhebung – Mit der Primärerhebung von Marktforschungsdaten werden, z. B. mit Hilfe von Befragungs- und/oder Beobachtungsergebnissen, auf den eigenen Wissensbedarf zugeschnittene Informationen gewonnen. Auf zu einem früheren Zeitpunkt von unternehmenseigenen oder -fremden Marktforschern erhobene Daten von Sekundärerhebungen greift man meist zur ersten und groben Orientierung zurück.

Produktdifferenzierung – Zusätzlich zu den bereits angebotenen Leistungen werden weitere Leistungsvarianten angeboten. Häufig sollen bisher noch nicht erreichte Käuferschichten angesprochen werden.

Produktlebenszyklus – Produkte und Dienstleistungen können unterschiedlich lange am Markt bestehen. Der technische Fortschritt, Trends und andere Veränderungen auf der Nachfrageseite bestimmen die Lebensdauer. Der Produktlebenszyklus beschreibt den Weg einer Leistung von der Markteinführung bis zum Ausscheiden anhand seiner Umsatz- und Gewinnentwicklung während der verschiedenen Phasen.

Public Relations – Öffentlichkeitsarbeit, die den Ruf eines Unternehmens sowie dessen Kompetenz in der Öffentlichkeit herausstellen und untermauern soll.

Silent- oder Mysterykaufen – Bei dieser Art des Testkaufs wird das Kunden- und/ oder Verkäuferverhalten beobachtet. Ein vom normalen Kunden nicht zu unterscheidender Testkäufer beobachtet ohne das Wissen des Verkaufspersonals eine bestimmte Verkaufssituation.

Skaleneffekte – Größen- bzw. mengenbedingte Effekte bei Beschaffung, Absatz sowie der Leistungserstellung, die sich kostensenkend auswirken.

Sortimentsbreite, Sortimentstiefe – Die angebotene Anzahl von Warengruppen oder die Arten verschiedener Leistungen gibt Auskunft über die Sortimentsbreite. Hat der Nachfrager innerhalb einer Warengruppe oder Leistungsart verschiedene Alternativen, ist die Sortimentstiefe angesprochen.

Target-Costing-Verfahren – Bei dieser Art der Kostenrechnung orientiert sich das Unternehmen zunächst an den gültigen Marktpreisen für eine Leistung. Von diesen ausgehend, rechnet es zurück, ob eine rentable Leistungserstellung bei den gegebenen Preisen möglich ist.

Visual Merchandising – Die visuell wahrnehmbare Verkaufsförderung (z. B. durch die Gestaltung von Schaufenstern, durch Displays, Warenauszeichnungssysteme oder Dekorationen usw.).

Werteketten, Wertschöpfungsketten – Gartenbauliche Leistungen entstehen meist in mehreren Phasen. Lieferanten von Betriebsmitteln sind häufig das erste Glied in einer Kette von Beteiligten, die über Absatzmittler und Produzenten geht und beim Endverbraucher endet. Entlang dieser Kette gibt es Ansatzpunkte zur Erreichung von Wettbewerbsvorteilen für kooperierende Partner. Durch ein abgestimmtes Vorgehen versuchen diese in der Summe größere Werte zu schaffen als bei einem unkoordinierten Vorgehen.

Literaturverzeichnis

BACKHAUS, K.: Investitionsgütermarketing. 4. Aufl., Verlag Vahlen, München, 1995.

BAHNMÜLLER, H., HINTZE, C., RHEIN, P., SCHÜRMER, E.: Gartenbauliche Betriebslehre. 5., vollständig überarbeitete Aufl., Verlag Eugen Ulmer, Stuttgart, 2003.

BECKER, J.: Marketing-Konzeption: Grundlagen des ziel-strategischen und operativen Marketing-Managements. 7. Aufl., Verlag Vahlen, München, 2001.

BIEBERSTEIN, I.: Dienstleistungs-Marketing. Friedrich-Kiehl-Verlag, Ludwigshafen, 1995.

BRUHN, M.: Marketing. 7. Aufl., Gabler Verlag, Wiesbaden, 2004.

DILLER, H.: Viele Kunden unzufrieden mit Beratungsgesprächen. Zitiert in F.A.Z. vom 22.03.2004, S. 20.

DIW, Berlin, 2004, http://www.diw.de/deutsch/produkte/publikationen/wochenberichte/docs/04-33-1.html, abgerufen am 11.09.2006.

FLIESS, S., HOGREVE, J., NONNENMACHER, D.: Wie Schaufenster den Kunden beeinflussen. absatzwirtschaft, Science Factory, 1, 2005.

HEBEL, P.J.: Erzählungen und Aufsätze des Rheinländischen Hausfreunds. Herausgegeben von WILHELM ZENTNER, Carl Hanser Verlag, München – Wien, 1985.

HERBST, D.: So wirken starke Bilderwelten. Public Relations Beratungsbrief, 10/2004.

KOPPELMANN, U.: Marketing. 8. Aufl., Verlag Lucius & Lucius, Stuttgart, 2006.

KOTLER, P., BLIEMEL, F.: Marketing-Management. 9. Aufl., Verlag Schäffer-Poeschel, Stuttgart, 1999.

KROEBER-RIEL, W., WEINBERG, P.: Konsumentenverhalten. 6. Aufl., Verlag Vahlen, München, 1996.

MASLOW, A.M.: Motivation and Personality. In: LEVINE, F.M. (Hrsg.): Theoretical Readings in Motivation. Rand McNally College Publishing Company, Chicago, 1975.

MEFFERT, H.: Marketing. 9. Aufl., Gabler Verlag, Wiesbaden, 2000.

MICIC, P.: Der Zukunfts Manager. Rudolf Haufe Verlag, Freiburg 2003.

NAGLE, T., HOLDEN, R.K.: Strategy & Tactics of Prizing. 3. Aufl., Prentice Hall, New Jersey, 2001.

PFOHL, H.C.: Logistiksysteme. 4. Aufl., Springer Verlag, Berlin u.a., 1990.

PORTER, M.E.: Wettbewerbsstrategie. 8. Aufl., Campus Verlag, Frankfurt – New York, 1995.

RAFFEE, H.: Marktorientierung der BWL zwischen Anspruch und Wirklichkeit. Die Unternehmung, 38. Jg., Nr. 1, 1984.

SCHNÖDT, D.: Shopkonzepte – aber wie? gestalten&verkaufen 8, 2003.

SEIDENSTICKER, F.-J.: Stärke geht vor Größe. In F.A.Z. vom 22.11.2004.

WEIS, H.-C.: Marketing. 13. Aufl., Friedrich-Kiehl-Verlag, Ludwigshafen, 2004.

ZENTES, J.: Warenwirtschaftssysteme. In: DILLER, H. (Hrsg.): Vahlens Großes Marketing Lexikon. Verlag Vahlen, München, 1992.

Bildnachweis

Das linke Umschlagmotiv stammt von pixelio.de, das rechte von istockphoto.

Register